雪謙文化

大藥
戰勝視一切為真的處方

The Great Medicine
觀修菩提心的次第

本論：雪謙·嘉察·貝瑪·南賈（Shechen Gyaltsap Pema Namgyal）
作者：雪謙·冉江仁波切（Shechen Rabjam Rinpoche）
總召集：賴聲川
譯者：項慧齡
審定：楊書婷

目次

初善

中善：正行

後善

致謝詞

二〇〇〇年，在印度菩提迦耶舉辦的第一屆「雪謙國際研討會」（Shechen International Seminar），我教導了雪謙・嘉察啟發人心的本論，本書即是以這次的教導為基礎。其後在二〇〇二年，我於紐約和舊金山香巴拉中心的演說內容，則增補到本書之中。

我想要對所有成就此書的人表達我誠摯的謝意。感謝馬修・李卡德擔任我所有演說的口譯、翻譯本續，以及在出版本書的每個階段所提供的協助。我特別感謝尼師金巴・帕嫫（Ani Jinba Palmo）逐字翻譯母帶。感謝露西・尼翰（Lucy Needham）謄寫原始的翻譯，莎莉・威廉斯（Sally Williams）的校正，以及麥克・維德（Michael Tweed）的編輯。

我特別感謝我們的策劃經理薇薇安・克茲（Vivian Kurz）協助編輯，以及她在形塑本書的過程中所扮演的重要角色。我也要感謝黛博拉・修柏林（Deborah Schoeberlein）從事編輯，梅格・費德里戈（Meg Frederico）給予建議，以及堪布耶喜・嘉岑（Khenpo Yeshe Gyaltsen）為尚・派斯（Sean Price）翻譯的本續提供標題。感謝拉菲爾・奧德（Rafael Ortet）從事排版和設計封面。

最後，我要感謝菩提迦耶雪謙寺的僧眾協助組織一年一度的研討會。

【中文版序】
佛行種子

　　本人很高興台灣雪謙文化出版社即將在十二月份出版《大藥：戰勝視一切為真的處方》中文版。

　　這本書是根據雪謙・嘉察・局美・貝瑪・南賈所寫的偈頌加以釋義而成，內容主要是探索菩提心的根基、慈悲的內在運作、空性的見地，以及把這些了解實際應用於修道的方法。

　　在此衷心祈願，本書的出版將利益眾多讀者，並帶領讀者把這些教法融入生活之中，從內在轉化成為更好的人，到達全然覺醒的境界。

　　我要對所有成就此書的人表達誠摯的謝意。感謝蓮師中文翻譯小組總召集賴聲川、譯者項慧齡、審定楊書婷，以及另外兩位成員丁乃竺和劉婉俐，感謝他們一直以來給予雪謙文化的全力協助。

　　感謝劉紹茵努力推動本書，李博德提供財務支持，以及張滇恩給予行政協助，讓本書得以順利出版。最後，感謝常駐堪布彭措・多杰的多方奔走，讓本書與之前的其他中文譯本在台灣及亞太地區出版。

雪謙・冉江仁波切

2008 年 11 月 3 日

【推薦序】
體驗慈悲和無量的智慧

　　雪謙‧冉江仁波切是雪謙寺（Shechen Monastery）的住持，過去二十年來我一直居住在該寺之中。仁波切經常說，在他年幼的時候，他認為頂果‧欽哲仁波切（Dilgo Khyentse Rinpoche）是一位非常慈祥的祖父。後來，他長大成人，開始把頂果‧欽哲仁波切視為上師。在他展開學業之後，了解到欽哲仁波切如經典所描述的，體現了一位真正上師的所有功德。

　　冉江仁波切的整個人生都受到欽哲仁波切這位卓越非凡人物的滋養，並且致力奉獻畢生之力來實現欽哲仁波切的願景，弘揚他的教法。現在，他也用最大的關愛來照料他摯愛上師的年輕轉世。

　　對頂果‧欽哲仁波切而言，在靈修傳承之中，沒有人比他的第一位根本上師雪謙‧嘉察‧貝瑪‧南賈（Shechen Gyaltsap Pema Namgyal, 1871-1926）更為殊勝珍貴。仁波切不用「雪謙‧嘉察‧貝瑪‧南賈」這個名字來稱呼他的根本上師，而是用「噶仁千」（kadrinchen），意思是「極為仁慈者」。

　　在頂果‧欽哲仁波切逃離西藏、流亡在外三十年之後，有人帶給他一函雪謙‧嘉察的甚深教法；這是一函關於佛教

基礎修行前行法的教法，原以為已經佚失了。當欽哲仁波切收到它的時候，他把它置於頭上，眼睛含淚地說：「這比地球上所有的黃金更加貴重。」

在之後的年歲中，更多雪謙‧嘉察的著作被人們尋獲，並且帶到西藏境外。在這些著作之中，有一本關於修行忠告的合集，其中包括《大藥：戰勝視一切為真的處方》（The Great Medicine that Conquers Clinging to Reality），其針對究竟菩提心做了精簡、甚深而優雅的闡釋。

每個上師各自有獨特的方法來持有、傳授其靈修傳承的正統教導。冉江仁波切的教法簡明真誠而特別感動人心。他的話語發自肺腑，坦率直接、毫不做作，而且充滿力量，讀者可以從中一再地體驗到他傾注一生所奉獻的上師頂果‧欽哲仁波切其遍在的慈悲和無量的智慧。

馬修‧李卡德（Matthieu Ricard）

2006 年 3 月寫於尼泊爾

【導言】
治療煩惱和無明的甘露

　　二〇〇〇年，在一年一度於印度菩提迦耶舉行的「雪謙國際研討會」期間，我傳授了這個論釋。每一年，我們都會邀請頂果·欽哲仁波切[1]的弟子到菩提迦耶傳法，讓學生有機會在這麼一個非凡的處所來聞、思、修教法。根據大乘佛教的傳統，菩提迦耶不但是世尊釋迦牟尼佛成道之地，也是此賢劫千佛往昔成道和未來成道的處所。我們在菩提迦耶舉行一年一度的研討會，乃是因為在這個聖地修持佛法、施行供養、做大禮拜和從事繞行非常具有意義。

　　佛陀的教法如同甘露（medicine）：它們能夠治療煩惱和無明等沉痾。藉由徹底了解教法的力量，我們將對教法生起巨大的敬意，進而對傳授這些教法的釋迦牟尼佛生起巨大的敬意。佛陀在印度出生、居住和傳法。因此，西藏人對印度極為崇敬。他們常常稱呼印度為「無上」或「聖地」。

　　在印度所有的佛教聖地之中，西藏人特別敬重佛陀成道

1　頂果·欽哲仁波切（Dilgo Khyentse Rinpoche，1910-1991）受到藏傳佛教各個宗派的敬愛，是二十世紀最偉大的禪修大師之一。他是一位傑出的學者和詩人，著作達二十五函。他的眾多教法已經被翻譯成為英語及其他西方語言。冉江仁波切是他的孫子暨法嗣。這個法本的作者雪謙·嘉察是頂果·欽哲仁波切的第一位上師，也是他的主要上師。參見馬修·李卡德所著之《西藏精神──頂果欽哲法王傳》（Spirit of Tibet）。

之地，這個處所名叫「菩提迦耶」（Bodhgaya）或「金剛座」
（Vajrasana，或 Diamond Throne）。世上現存的各種佛教哲學
和修行，都起源自菩提迦耶這個地區。尤其，佛教教法就是
從偉大的那瀾陀寺（Nalanda）傳播至西藏。

　　在一般人眼中，菩提迦耶或許是一個骯髒污穢、滿是垃
圾、不怎麼討人喜歡的地方。但是當我們思量，菩提迦耶代
表世尊佛陀成道之座，菩提迦耶就有了完全不同的面貌。有
了這種了解，我們開始對菩提迦耶另眼相看。

　　我們對一個地方的感受會隨著我們的觀點而轉變。我的
祖父頂果·欽哲仁波切的么女即是一例。在離開西藏之前，
我的祖父及其家人造訪西藏第一座寺院所在地桑耶
（Samye）；這座寺院由蓮花生大士（Podma Sambhara）、寂
護大師（Shantarakshita）和西藏國王赤松·德贊共同建造。
在這次造訪期間，頂果·欽哲仁波切的么女繞著桑耶寺做五
體投地的大禮拜。那裡到處都是塵污、垃圾、尿液和糞便。
她不管這些情況，堅定地做大禮拜，繞行整座寺院。

　　過了一段時間之後，頂果·欽哲仁波切問她：「你不覺得
在這裡做大禮拜有困難？你不覺得噁心嗎？」她回答：「當我
想到蓮師（Guru Rinpoche）[2]曾經造訪這個地方，我做大禮拜
的地面正是他的尊足碰觸之處，我就彷彿覺得他剛剛從這裡

---

2 釋迦牟尼佛預示蓮師或稱蓮花生大士會宣揚金剛乘的教法。在第八世
　紀，西藏國王赤松·德贊邀請蓮師入藏。蓮師成功地在西藏建立佛教
　經典與密續的教法。

經過，土地仍然因為他履踏的足跡而溫暖。我沒有感覺或注意到任何其他的事物。」她已經生起了淨觀。同樣的，我們也可以懷著清淨看待菩提迦耶。

在傳授任何教法之前，頂果・欽哲仁波切總是以流暢的聲音念誦以下的偈誦，彷彿在吟誦一篇祈願文。

「數量如虛空般廣大無限的一切有情眾生，在過去都曾經是我們仁慈的父母。無一例外的，所有的有情眾生都渴望獲得快樂，希望避免痛苦。然而，由於受到無明和心毒的折磨，他們忽略了快樂之因。他們的行為與願望相互牴觸，他們飽受輪迴的各種痛苦折磨。他們如同眼盲的人被遺棄在荒漠之中。當他們是我們仁慈的母親時，他們賦予我們生命，提供我們食物、衣服、保護和教育。如今目睹他們不快樂的情況，我們禁不住感受到巨大的悲心。然而，僅僅有悲心的感受是不夠的；我們必須有所作為，讓他們從痛苦中解脫。現在，我們擁有人身，遇見了上師，因此是為了他們的利益而朝證悟前進的時候了。」

欽哲仁波切說，在他傳授每個教法之初所念誦的這些句子，如同覆誦一篇慣例的祈願文。我把它們視為理所當然，沒有太去留意它們的含意。但是現在，當我真正地加以思量，我了解到，透過這幾個句子，欽哲仁波切傳達了佛教修道的精髓，以及修行的所有重點。這些句子也為我們的心設

定了一個方向。

當他說：「無一例外的，所有的有情眾生都渴望獲得快樂」，他不光是指佛法修行者，而是指一切有情眾生。所有眾生都努力求取快樂和滿足。以不斷工作來增加財富的商人為例，商人相信財富將帶來舒適和美好愜意的人生。簡而言之，他相信他的生意將帶來他所想像的快樂。相同的，汲汲營營於權勢地位的政客認為，這種權勢會帶來快樂。從事佛法修行也沒有什麼不同；我們也期望從中獲得某種滿足。這正是我們聆聽教法和閱讀書籍的原因。我確信，沒有一個人是希望增加自己的痛苦而閱讀這本書！

儘管渴望快樂，我們卻輕易地失離從事這些行為的真正目的，並且受我們認為會帶來想望事物的方法所束縛。因此，商人努力增加財富想獲得一個快樂美好的人生，卻常常陷入賺錢的機制之中。日日夜夜，他完全被求取、持守和擴張財富所佔據。許多年後，他的頭髮白了，在「賺錢」這個唯一讓他全神貫注的活動中死去，完全忘記他最初的目標是尋找快樂。

佛法修行者也可能忘記他們的目標。我們從事許多不同種類的修行，但是在從事這些修行的時候，是否總是記得修道的目標？在求取不變的智慧和慈悲的同時，是否忘記盡除痛苦及痛苦之因的目標？

為了追尋真正而究竟的安樂，我們需要檢視痛苦的真正自性。痛苦主要有兩種。一種包括來自外在因素的痛苦，例

如貧窮、疾病、天災、戰爭等等。另外一種痛苦則源自我們的內在；這些內在的痛苦是我們自心的產物。雖然我們偶爾能夠相當輕易地療癒或改善外在的痛苦，但對內在痛苦的掌控總是有限。

相反的，佛陀的教法讓我們看見，我們如何透過對治各種煩惱，實際學習改變內在的痛苦。內在的痛苦，即心的痛苦折磨，源自我們具破壞性的煩惱和珍愛自己的我執。「法」（Dharma）的字面意義是「修正」或「轉化」，指的是轉化或修正這些內在的心毒。據說，有兩萬一千品的教法專門用來對治瞋怒，有兩萬一千品的教法專門用來根除貪愛和執著，有兩萬一千品的教法專門用來驅除癡迷，有兩萬一千品的教法專門用來脫離細微面向的貪瞋癡三毒。

儘管教法明晰，我們卻常常忽略盡除心毒和我執的重要目標。事實上，我們不但沒有根除這些心毒，反而經常讓它們愈加增長。舉例來說，修持佛法的人有組織聚眾的傾向。他們創立機構、道場和寺院；這些組織迅速成為他們宣揚自大的旗幟。「我們是這個。我們是那個。我們是寧瑪派！噶舉派！薩迦派！格魯派！」這些機構的人指派某某人為首長、祕書和庫司。這些高層幹事輕易地為自己的頭銜感到驕傲。漸漸的，所從事的行為就悖離了原本的目的。

此乃舉世皆然的事實。在西藏的世界，我們興建寺院，意在提供適當的環境來研習和修持佛法。然而，寺院常常只變成人們競逐權力和名望的忙碌場所。他們不但沒有減少心

理的煩惱折磨，反而助長了自大和有毒的念頭。結果，他們忘了興建寺院的初衷。過去一些如巴楚仁波切（Patrul Rinpoche）[3]這般偉大的上師們，常常責備他們的學生，藉以提醒他們修行的真正目的，讓他們知道自己錯失了重點，沒有真正修持佛法的精義。

在凡俗的人生中，我們受到諸如自大、瞋怒和貪愛等煩惱的控制。我們無法掌控它們，因此它們折磨我們，讓我們飽受痛苦。我們是這些煩惱的奴隸；這種情況並不會令人愉快。佛法的目的是去扭轉這種情況，幫助我們成為自大、驕慢、貪愛、瞋怒和仇恨等奴役我們的負面情緒的頂頭上司。做一個上司遠比做一個奴隸要舒服多了。因此，切勿忘卻這個重點：佛法的目標是消除煩惱，而這是獲得真正快樂的唯一途徑。每個人都想要對自己最有好處的事物；沒有人想要受到傷害或不快樂。如果你想要對自己仁慈，那麼你要修持佛法，讓自己遠離內在的痛苦和引起這些痛苦之因。

五圓滿

在領受佛法教法的時候，為了從閱讀或聽聞的教法中獲得最大的利益，你要先做好準備。首先，你要生起正確的發

---

3 巴楚仁波切（1808-1887）出生於西藏東部，是具有高度成就的寧瑪派上師。他以不分教派的態度、過著極為謙遜與簡樸的生活而聞名。他的著作豐富，在西方國家以《普賢上師言教》（*Words of My Perfect Teacher*）這本書而著稱。參見註解六。

心和態度，然後從事正確的行為舉止。菩提心（Bodhicitta）或證悟心（enlightened mind）是領受這些教法、把這些教法付諸實修所必要的發心。菩提心是一種殊勝的態度，也就是為了幫助一切有情眾生從痛苦中解脫，而努力圓滿自己，獲致成佛。

　　領受教法的正確方式，是去避免阻礙我們了解教法、把教法付諸實修的過患。我們要避免三種過患（斷器三過）。我們可用一只碗或空的容器來比喻，以解釋這三種過患。第一種過患如同一個上下顛倒的容器。不論傾倒了多少甘露，沒有一滴甘露會進入這個容器之中。若不注意上師說話的內容，我們就如同上下顛倒的碗。

　　第二種過患如同底部穿孔的容器。這個容器會漏，所以甘露一被倒入容器，就立刻漏失了。用這種態度聆聽教法時，我們既不記得教法的字句，也不記得教法的意義。一切從左耳進、右耳出。

　　第三種過患如同含有毒藥的容器。毒藥污染了所有倒入這個容器的液體。因為容器本身有毒，即使是純淨的液體也會變成毒液。聆聽教法的時候，如果我們的心充滿心毒或負面的念頭，我們就如同這樣的容器。在這種情況下，教法將沒有利益。如同過患有三種，人們未能適當記憶教法的情況，也有五種（持法五失）。

一、記得意義，但不記得字句，因此漏失某些重要的

事物。

二、記得字句，但未了解意義，因此漏失某些重要的
事物。

三、既不記得字句，也未記得意義，因此沒有從中得
到任何事物。

四、記得字句和意義，卻有錯誤的詮釋。

五、弄亂教法的順序，因此漏失教法的邏輯，進而對
教法衍生錯誤的想法。

我們要全力避免斷器三過和持法五失。領受教法也有五
種圓滿的因緣。

一、圓滿的處所：諸如佛陀成道的處所菩提迦耶。

二、圓滿的上師：以釋迦牟尼佛為例，他積聚所有獲
致究竟覺醒所必須的福德與智慧，因而成為如同
技巧嫻熟的醫師，能夠解脫一切眾生的痛苦。

三、圓滿的教法：如同醫藥的教法，能夠治療煩惱和
心毒的疾病，同時盡除引起煩惱和心毒的根本之
因——無明。在這個情況下，圓滿的教法是指由
雪謙·嘉察·貝瑪·南賈所寫的教法。

四、圓滿的弟子：所有佛陀的弟子、阿羅漢、菩薩，
以及我們的僧伽。

五、圓滿的時間：當佛住世，傳授現存教法的賢劫。

目前，這些因緣都已具足，使你能夠在最佳的順緣下領受教法。因此，當你聽聞和閱讀這些教法的時候，要對能獲得這些圓滿的因緣來領受這些教法，生起感激和喜悅之情。

初善

■ 頂果欽哲法王（右）與雪謙·冉江仁波切。

第一章　關於本論之導言

　　這個本論摘自《雪謙·嘉察作品集》（*Collected Writings of Shechen Gyaltsap*），雖然簡短，卻非常深奧完整。

作者

　　雪謙·嘉察·局美·貝瑪·南賈是一位了不起的大師，他住世於十九世紀末和二十世紀初，撰寫了《大藥：戰勝視一切為真的處方》這本書。他是十九世紀最偉大上師的弟子。這些偉大的人物包括蔣揚·欽哲·旺波（Jamyang Khyentse Wangpo）、蔣貢·康楚·羅卓·泰耶（Jamgön Kongtrul Lodrö Thaye）和喇嘛·米滂仁波切（Lama Mipham Rinpoche）。在他身處的時代，雪謙·嘉察無疑是最博學多聞、最有成就的上師之一。他的十三函鉅作包含許多明晰而甚深的論釋。這些論釋闡述了佛教哲理和修行的各種面向。

　　雪謙·嘉察也是一位具有成就的修行者。在他的一生當中，大多數的時間都在位於西藏東部雪謙寺上方的關房閉關，證得許多成就的徵兆。有一次，他展開一個為期三年、以普巴金剛（Vajrakilaya，或金剛橛）的修行法門為基礎的閉關，但是出乎眾人意料之外的是，僅僅三個月之後，雪謙·嘉察就出關了。他說他已經圓滿了這次想做的閉關。隔天早晨，他的侍者注意到，在關房的石質門檻上有他的足印。後來在文化大革命期間，雪謙·嘉察的第子把這個石塊移走，

隱藏起來。今日在西藏的雪謙‧嘉察寺，人們仍可見到這個有雪謙‧嘉察足印的石塊。這個足印是雪謙‧嘉察修持普巴金剛的內在證量之外顯徵相。

雪謙‧嘉察是頂果‧欽哲仁波切的第一位根本上師，也是宗薩‧欽哲‧卻吉‧羅卓（Dzongzar Khyentse Chokyi Lodro）的第一位根本上師。雪謙‧嘉察在他的關房教導了頂果‧欽哲仁波切和宗薩‧欽哲‧卻吉‧羅卓。他認證頂果‧欽哲仁波切為蔣揚‧欽哲‧旺波的化身。頂果‧欽哲仁波切在自傳中如此描寫雪謙‧嘉察：

「當他給予灌頂的時候，我常常被他莊嚴的表情和雙眼所震懾。他以手指向我，對我引介心的自性。我覺得，儘管由於我的虔敬心微弱不定，因此我才把他視為凡人；但事實上，他根本就是那給予二十五位弟子灌頂的偉大蓮師。我的信心愈來愈強烈。當他再度注視我，指著我問：『心的自性是什麼？』，我懷著強烈的虔敬心想著：『他真的是一位偉大的瑜伽士，可以看清實相的究竟自性！』我也開始了解如何從事禪修[4]。」

如同許多傳統的教法，這個教法也分為三個部分：初善、中善和後善。初善是前行（導言），中善是正行（主要的教

---

4 引自《西藏精神》（*Spirit of Tibet*）。

法），後善是結行（跋）和迴向。前行本身包含四個部分：本論的名稱、作者的禮敬文、作者撰寫本論的原因，以及對這種教法的需求。

這個教法的完整名稱是：「戰勝視一切為真的大藥：觀修菩提心的次第」（The Great Medicine that Conquers Clinging to the Notion of Reality : Steps in Meditation on the Enlightened Mind）。根據讀者的學識、證量和根器，一本書的書名能發揮各種不同的功能。對於一個學識豐富、具有上等根器和領悟的修行者而言，光是聽到書名，就會明白書的內容。這種修行者如同醫術精湛的醫師，只要閱讀藥物的標籤，就立刻知道使用該藥物的時間和方法。具有中等根器的修行者會了解，這本書屬於佛教教法的哪一個面向。就這個例子而言，這個本論屬於大乘佛教的教法。最後，對於我們這些具有下等根器的人而言，書名只會讓我們更容易找到這本書！

禮敬文

南無上師、佛陀、菩提薩埵，
禮敬上師、諸佛、菩薩眾！

禮敬文以梵文和藏文寫成，兩者都翻譯為「禮敬上師、諸佛、菩薩眾！」作者把梵文的禮敬文（Namo Guru Buddha Bodhisattva）包含在內，是為了提醒讀者，大多數的經典教

法都譯自梵文，而源自印度的佛教基本教法則是這個本論的基礎。禮敬文也帶來佛陀傳承的加持，並創造一個習慣，讓人們去學習佛教教法的原始語言。

　　在梵文的禮敬文之後是長篇的禮敬文。長篇的禮敬文通常用來禮敬與教法關係最密切的人物或教法的源頭，例如佛、菩薩或上師。

　　我向證得無上本初解脫的一切上師頂禮。

　　這些上師

　　出於慈悲而住於世間，

　　浚斷輪迴的深淵。

　　這篇禮敬文是獻給上師。「上師」的意義隨著你修行的深度和見觀的清淨度（purity of your vision）而改變。尋求個人解脫的聲聞乘（Hinayana，或小乘）僅僅把上師視為善知識。大乘視上師為菩薩。金剛乘或密咒乘則視上師為佛。

　　由於這個本論屬於金剛乘的教法，因此我們禮敬上師為佛。我們此處提到「佛」，指的不僅是從一個平凡人逐漸證悟成佛的歷史人物釋迦牟尼佛。反而是，我們從金剛乘的觀點，把佛視為已經證得佛果，認清本初圓滿（primordial perfection），也就是認清萬事萬物之究竟自性的人。他化現在我們的世界，為有情眾生顯示究竟通往證悟成佛的福慧資糧道。對一切有情眾生的慈悲，是佛在娑婆輪迴中化現為上

師的唯一理由，藉以「浚斷輪迴的深淵」，讓一切有情眾生從痛苦中解脫。

作者的旨意

　　在接下來的偈頌中，作者宣示他撰寫這個教法的目的，並針對教法的主題做了介紹。他如此宣說他的教法：

> 我將淺談如何用菩提心這個甘露
> 來摧毀人們以一切為實的執著。
> 大乘修道是諸佛菩薩行走過的道路，
> 而菩提心則是大乘修道的精髓。

　　菩提心，也就是為了一切有情眾生而證悟成佛的利他願望，乃是大乘證悟道不可或缺的生命力。月稱菩薩（Chandrakirti）在其所著的《入中論》[5]中說道：「阿羅漢、聲聞和緣覺佛（或辟支佛）藉由聽聞佛陀的教法，把佛陀的教法付諸實修而證得各自的果位。」但是佛陀則主要是透過菩提心和慈悲而成佛。菩提心和慈悲是成佛的根本。

　　諸佛菩薩無一例外地藉由修持菩提心而獲致證悟。菩提心這個甘露療癒了我們。自我和他人的概念、個人本體的見

5　參見由蓮師翻譯小組（*Pakmakara Translation Group*）翻譯、香巴拉出版社出版的《入中論》（*Introduction to the Middle Way*），譯自月稱菩薩所著之《入中論》（*Madhyamakavatara*），由蔣貢‧米龐加以論釋。

解，以及視現象（諸法）為真實的信念，即是我們的疾病。這種執著是一切痛苦之因，也是獲致證悟的主要障礙。慈悲和立志解除一切眾生痛苦的利他菩提心甘露，即是治療這種執著的藥物。

對教法的需求

這篇導言的最後一部分，則解釋需要這個教法的原因。

你要記住，
當你處於極度的困境中，
在那執著人生顯象的廣大平原上，
被你的敵人——障蔽性的情緒——包圍時，
你那無上的財富——善德——就快被奪走了。

行走在輪迴旅途上的旅人，時時刻刻都受到盜匪和敵人的威脅。這些盜匪是誰？他們是我們自己的煩惱情緒和負面狀態；他們奪走我們隨身攜帶的珍寶。他們取走所有心的正面面向；這些面向讓我們能夠在證悟道上行走。

在西藏的許多地區，騎在馬上的盜匪會伺機而動，掠奪旅人。今天在整個世界，有另外一種盜匪試圖搶奪我們的心。最近我曾經身處紐約市的時代廣場。在每個剎那，明亮閃耀、從四面八方而來的廣告試圖偷取我的心，並且把它帶往求取、想望、渴求和執著的方向。這種執著創造了一片廣

大的迷妄平原，在這片平原上，我們執著於一切顯現的事物，理所當然地認為這些事物確實存在。這些煩惱盜賊不必然是騎乘在馬匹上。

我們不斷陷入嫌惡與憎恨的機制之中。我們緊抓著自己的財物、親人和我們認為屬於自己的所有事物。當我們試圖摧毀敵人，或拋棄那些看來會威脅這個自我的事物時，總是陷入迷妄的不變模式之中。我們執著今生的顯象（appearances），受到利（得）、衰（失）、毀（卑微）、譽（名聲）、苦、樂、稱（讚美）、譏（怪罪）等世間八法的束縛。這些希望和恐懼將奪走我們的菩提心珍寶。我們要如何擊敗這些盜匪呢？

中善

■ 雪謙・冉江仁波切

第二章　辨認菩提心

正行也分為三部分。第一部分說明菩提心或證悟心。第二部分解釋如何修學菩提心。第三部分則討論修持菩提心的結果。

接下來的偈頌是從勝義諦（absolute truth）的觀點來說明菩提心。之後，這些偈頌探究勝義諦的認清如何因迷妄而喪失，以及有情眾生如何變得顛倒迷惑。最後，這些偈頌解釋如何驅除迷妄，重新發掘我們真正的自性。

菩提心如何在我們所有人的心中

以下的兩個偈頌，描述勝義諦的自性，以及勝義諦在一切有情眾生之內皆有。

一切諸法住於
無始虛空之中；
因此之故，
一切有情眾生都能證得涅槃。

如同大地之內
有全然純淨的水；
在煩惱之中，
有偉大的本初智慧。

　　如經典所說：「一切有情眾生無一例外地都具有佛性。」「偉大的本初智慧」即是一切有情眾生皆有的究竟菩提心，或佛性，或如來藏。然而，這如來藏卻被一片暫時的帳幕所遮蔽。

　　這障蔽的或迷妄的狀態對佛性造成什麼樣的影響？「如同大地內有全然純淨的水」，雖然本初智慧可能尚未被了悟，但是本初智慧卻安住在侵入自心和制約自心的煩惱之中。如同無法從地表看見、在地底下流動的純水，在煩惱和迷妄的領域之中，偉大的本初智慧仍然保持不變。

　　有時候，你或許會懷疑一切有情眾生是否都具有佛性。當暴力、屠殺、有計畫的滅種和「種族肅清」在世界各地發生的時候，你或許難以想像每個人都具有這種慈悲的潛能。你或許甚至開始相信人性本惡。但是，事實並非如此。如果你透過內省和禪修深刻地檢視心本身，你將會照見純然覺性（pure awareness），此乃「識」之最根本面向。即使煩惱或許暫時遮蔽心之本性，但心之本性仍然保持無染。

　　　闡釋空性的佛經，
　　　以及世尊諸佛所說的一切話語，
　　　都談及盡除煩惱。

　　佛教教法分為三大類，即所謂的三藏（Tripitaka，或稱為「三籃」）。三藏解釋諸法（一切現象）本具的空性。它們有

助於清除煩惱和有毒的心理因素，例如貪、瞋、癡、慢、疑。以自性來說，這些煩惱是暫時的，並非本來就存在於心的本然自性之中。因此，雖然我們的心看似受到這些煩惱的毒害污染，但是基本的佛性本身總是保持純淨無染。我們需要驅除障蔽佛性的帳幕。

　　這個本論討論我們如何能夠做到這一點。

　　佛性是無染的。
　　它是甚深、寧靜、無造作的真如，
　　它是非和合的明性廣空
　　（uncompounded expanse of luminosity）；
　　它是無生、無滅、本然的寧靜，
　　它是任運自生的涅槃。

　　佛性是明亮光燦、永不寂滅的，佛性是心的本然自性。「非和合的」是指佛性並非各種因緣所造作或創造出來的。它並非以獨立的、真實存在的實體而安住。它沒有開始，因此也沒有寂滅。它單純就是諸法的究竟自性。

　　如同芝麻油充滿芝麻一般，
　　如來藏的本質
　　本出即在一切眾生的基本狀態之中，
　　並且與眾生的基本狀態是不分離的。

如同油是芝麻的自性一般，佛性充滿於有情眾生之內。它是「一切眾生的基本狀態」，這基本狀態是指心的究竟或真正自性，也就是「法性」（dharmata）。由於佛性是心的究竟自性，因此佛性住於我們所有眾生之內。佛性不是造作出來的事物。它一直與我們同在，從未與我們分離。

迷妄如何生起

一切有情眾生都具有佛性，然而我們卻輕易地忽略它，因為我們：

> 受主體（做者）和客體（受者）的迷妄見解所障蔽，
> 被包裹在三種串習的蟲繭之中，
> 如同藏在窮人房屋底下的寶藏，
> 這自性仍然未被認清。

在我們的迷妄狀態之中，我們如同一個不知道房屋地下埋藏著寶藏而認為自己貧窮的人，但事實上，他相當富有。同樣的，如來藏被埋藏在我們之內。我們過得像乞丐一般，沒有覺察或認識到我們本具的財富。當我們忘記我們的佛性，從區分自我和他人的角度來看待世界的時候，我們就陷入迷妄之中。

當我們把現象世界和自己具體化的時候，迷妄就產生了。這種區分自我與他人的想法，只不過是心之造作，因為

自我和客體都不真實存在。正是主體與客體的想法創造了一條二元分立的串習之鏈，這條串習之鏈與外在世界、我們的心和我們的身體有關。

讓我們更詳細地分析這些「主體和客體的迷妄見解」是如何形成的。有三種串習讓迷妄愈加深重，直到迷妄完全把我們包裹在無明之繭內。

第一種串習和我們視為外在世界的人事物有關，也就是我們覺得是在「外面那裡」（out there）的所有人事物，以及透過五種感官（五根）所覺知的一切人事物。我們把價值加諸在我們所見的事物之上，想像它原本就是討人喜歡、令人不悅，或既不討喜也不討厭的。然後，我們遵循這樣的過程：想望任何令人愉悅的事物，排拒令人不悅的事物，以及忽略看來既不討喜也不討厭的事物。這麼做的結果是，我們織成一個迷妄與痛苦之繭，如同毛毛蟲作繭自縛。

第二種串習與「識」有關，亦即執取外在事物（外境）的內在主體。內在主體與八識一起運作。第一識根本識即阿賴耶識（vijnana alaya），單指覺察世界這件事。接著是與色、聲、香、味、觸等五根有關的各種識的面向。然後是與煩惱（各種不同的心毒）有關的識的面向。這些煩惱染污而蒙蔽了智識，也就是第八識。因此，識的八個面向的活動創造了「構想有個獨立『內在』主體」的串習。（譯註：根據唯識宗，八識分別為眼、耳、鼻、舌、身、意、末那、阿賴耶識。）

　　第三種串習源自我們對身體的覺知。在藏文中，「盧」（lu）這個字是指身體，其字面意義是「被遺留在後的事物」。「盧」這個字指出了這個事實：當我們死亡時，我們遺棄自己的身體，然後身體就分解了。因此，「盧」這個字指出了身體的自性是短暫而和合的。儘管如此，由於我們執著「我的身體」這樣的概念，以及執著「我們所有的體驗都是透過身體而來」的想法，我們創造了一個非常強烈的串習。事實上，我們傾向把所有痛苦與歡樂的體驗和身體的想法連結在一起。甚至當我們做夢的時候，我們相信身體經歷了諸如被焚燒、落水，或各種不同的痛苦磨難等感受。

　　這三種串習在根本識的基礎上積聚，變得更加強烈。正是這樣，創造了我們迷妄與無明的習氣。

　　煩惱與錯誤的行為創造了痛苦，
　　這些痛苦如雨般降在我們身上。
　　自無始以來，你一直遊蕩
　　在看似存在卻不真實的輪迴廣袤平原上。
　　哎！此即無明與業的力量。

　　煩惱與錯誤的行為引起「痛苦如雨般降在我們身上之因」。痛苦是身業、語業和意業的結果。這些身、語、意的行為受到煩惱的觸動或激發，持續地生起一個接一個的行為，不斷地製造更多痛苦。從無始以來，這個循環一直進

行，因此我們漫無方向地在輪迴中遊蕩。

　　然而，輪迴不是它外表所顯現的那樣。「看似存在卻不真實」這句話表示，雖然輪迴這片平原看似真實而堅固，但它究竟的自性也缺乏任何本具的存在。在經過檢視之後，我們會發現它是顯現卻不真實的。

如何離於迷妄

> 在真正上師的蓮足前
> 五體投地頂禮之後，
> 你應該用他所教導的甘露，
> 清淨我執的染污。

　　為了驅除迷妄，你需要去尋找真正的上師。你需要善巧地尋找這樣的上師，善巧地修持教法，並且最終要善巧地把教法付諸行動。經典中有許多的教言，列舉了真正上師應該具備的品質（功德）。《普賢上師言教》（*Words of my Perfect Teacher*）[6]用一整個章節來說明真正的上師所應具備的品質。你在立志追隨一位上師之前，應該知道這些重要的品質為何。

6《普賢上師言教》，巴楚仁波切著，蓮師翻譯小組翻譯，香巴拉出版社出版。這是一本針對金剛乘前行法所做的經典論釋，詳細解釋了修道的眾多面向。它幽默而清晰地探討真假上師的特徵。

　　既然我們需要上師來幫助我們離於煩惱，因此上師的品質是重要的。為了全心全意地利益眾生，上師也必須離於煩惱和俗務。你在找到完全合格的上師之後，應該努力根除障蔽，彷彿你在去除布匹上的污點。然而，這不像一般的水，唯有上師口授授導的甘露，才能夠幫助你去除執著於自我和現象的「污點」。

　　一旦我們決定走上修道，我們需要知道如何著手，以及從何處開始。修道本身有各種次第。首先，我們需要用四思量（四共前行）來建立基礎。接著，我們立下皈依的願望。在第三個次第，也就是主要的次第，我們發起證悟心，也就是發起菩提心。

第三章　前行與皈依

　　四思量（four reflections）被稱為「加行」（preliminaries，或前行），它能使我們的心遠離輪迴，轉向佛法。「前行」這個辭彙或許會造成錯誤的印象，讓人認為它們不是最重要的。然而，情況並非如此。事實上，前行是一切修行的基礎。雖然四思量被稱為前行，但是我們應該把它們視為正行。這四前行包括思量人身難得、死亡無常、因果業報和輪迴過患。如果你從事這四前行，毫無疑問地，你將生起脫離輪迴的真誠願望，並且熱切地追求修道。這個願望稱為「出離心」，它促使修行者留在修道之上、皈依等等。

　　我們之中有許多人已經聽聞這四轉念（four mind changes，即四思量或四共前行）許多次了。我們或許會說：「讓我們就直接跳到口訣教導，不要浪費時間在這上面了。」但是，西藏偉大修行者的生平事蹟顯示，他們有多麼重視這四共前行，以及他們有多麼投入於修持這四共前行。

　　過去的大師們對於思量無常之真諦和人身之難得，若非用數年的時間，就是用數月的時間來思量。他們不只思量：「喔，是的，擁有這人身太棒了，這人身相當珍貴。讓我們繼續其他的修行。」相反的，他們對人身的真實價值發展出一種直接而穩定的認識，對無常生起穩固而不變的覺察。這種欣賞與認識所帶來的結果之一是，從事修行的驅策力成為這些大師的第二天性。蔣揚・欽哲・旺波寫道，藉由真誠地體

驗這四種態度的轉變，他證得最甚深的證量。

　　有一次，巴楚仁波切去見一個閉關中的偉大禪修者。巴楚仁波切本身極具證量，而且博學多聞，但他卻請求這位隱士給予被許多人視為非常基本的四思量教法。然而，隱士並未感到驚訝。在第一天，隱士念出一句關於人身稀有殊勝的句子：「哎！暇滿人身是如此難得。」在此之後，隱士只是靜靜地坐著。接著，這兩位偉大的大師開始啜泣，為這句話的真諦而感到震撼。在這座修法的剩餘時間裡，他們兩人沈默地坐著。隔天，隱士說：「人生如同山崩般急促。」在思量這個句子之後，他們又開始流淚。因此，在那四天當中，他們每一天只思量一個句子。後來，巴楚仁波切說，這是他所領受過最甚深的教法，因為它們是那麼的令人充滿覺受。這些教法使他從內在產生轉化。上師或許會要求你分別投入一個月的時間來修持一個句子，以便這些教法真能成為你的一部分。

殊勝人身

　　現在你終於獲得
　　這暇滿人身。
　　這人身是如此難尋，如此的充滿意義。
　　在僻靜處轉化自己，不執著於今生是值得的，
　　因為今生的重要性是那麼微小。

　　根據佛教教法的說法，除了人身（人道）之外，尚有許多其他的存在狀態。然而，沒有一個存在狀態如人身一般有用，可以尋找從事佛法修行的機會。舉例來說，天道眾生是擁有極長壽命的神。在天道之中，一切似乎都很容易，天道眾生的所有需求，包括種種舒適和歡樂，都能實現了。然而，那麼多的舒適與歡樂卻使天道眾生容易分心。這些眾生缺乏對佛法修行產生興趣的誘因。最後，他們在死亡的時刻，會預先看見自己即將束手無策地失去天道的生活，墮回入輪迴的下三道，此時他們將經歷最可怕的痛苦。

　　人身之獨一無二，乃因人身擁有剛好足夠的痛苦，讓我們想要離於痛苦，然而痛苦卻不會多到讓我們無法修行。為了盡可能地善用這個殊勝的機會，在「僻靜處轉化自己是值得的。」擁有人身，卻不好好利用它，似乎沒有意義。人們容易因為漠不關心而白白浪費這個潛能（人身），或甚至更糟糕的是，人們從事具毀滅性、負面的行為而糟蹋了這個潛能。如果我們不珍惜這個殊勝的機會，並且盡可能地善用這個機會，我們的人生將只會失去真正的意義。

　　有位西藏上師曾說，相較於所有其他可能的存在狀態，生而為人是稀有的，其稀有的程度如同一片指甲上的塵粒相較於地面上的所有灰塵。一個來自中國的人未能了解重點。這個中國人說：「如果西藏人來到中國，他們會了解人身一點也不稀有。中國滿滿都是人。」地球人口或許過剩，但是人類的數量仍然遠少於其他物種的數量。而且在人類之中，極

少數人過著真正充滿意義的生活。只要問你自己就好，有多少人了悟此生的殊勝難得。在那些了悟此生殊勝難得的人之中，有多少人想到利用這個人身來修持佛法？在那些想到利用這個人身來修持佛法的人之中，有多少人真的開始修行？在那些開始修行的人之中，有多少人繼續在修行？在那些繼續修行的人之中，有多少人獲致證量？

　　既然人身如此難尋，擁有人身是如此充滿意義，那麼為什麼雪謙‧嘉察寫道，今生的「重要性是那麼微小」？原因有兩個。第一，俗務和世俗追求的重要性是微小的，並且會使我們分心，遠離能夠為許多來世帶來巨大利益的事物。第二，在眾多的過去生世和未來生世之中，今生只是一個短暫的插曲。我們需要一個更寬廣的觀點；我們需要一個沒有陷入通常瑣碎俗務的觀點，一個沒有受到片刻短暫成功所束縛的觀點。一旦你開始專注於修行，你很快就會發現，修行是善用時間最好的方式。平靜和獨處有利於專注，減少心思散亂。這樣的條件有助於初學者發展、穩定和加深禪定。

　　當你聽到捨離輪迴的時候，你或許會感到害怕，並且心想：「輪迴是如此熟悉，如此迷人，我為什麼要捨棄它？」你覺得害怕，以為捨離輪迴代表要放棄美好的事物，而且捨棄令人十分愉悅的事物實際上是荒誕無稽的。然而在這個情況下，你不是放棄任何真正美好的事物，而只是讓你自己遠離煩惱憂愁。出離的真正意義，如同把一隻鳥從黃金籠子裡釋放出去。如果那隻鳥認為籠子比天空美好而不尋求自由，那

就奇怪了。

　　有時候，輪迴和輪迴的歡樂似乎非常吸引人。這有點像在印度旅行，當你搭乘巴士在繁忙的道路上長途行駛之後，你來到路邊一個美妙的小餐廳。裝盤美觀的印度薄煎餅和咖哩正等著你大快朵頤。你可以聞到美味可口的香料。光是看著它們就讓你垂涎三尺，想要馬上坐下來享用。但是，你走到餐廳後面，看了看廚房。你看到了什麼？一個大腹便便的廚子汗流浹背，汗水多到流進食物之中。另一個廚子正在用他的腳揉麵團。蒼蠅和煙霧到處都是。當你回到餐廳，看著你的餐盤，你感到噁心，不像先前那麼想要大吃一頓。

　　同樣的，乍看之下，輪迴看起來非常吸引人。但是如果你從廚房而不是從餐桌檢視它，你會注意到，煩惱正在忙著準備所有你貪戀的輪迴歡悅：貪的巧克力蛋糕，瞋的墨西哥辣豆湯，以及疑的酸甜醬汁。然後，你立刻對你第一眼瞥見、看起來令人口水直流的食物失去胃口。一旦你了解真相，你將會發現，要把貪戀拋在身後變得容易多了，而且出離變得輕易而自然。

　　即使我們認清人身的真實價值，我們仍然會落入遲緩和怠惰的習性。怠惰是妨礙我們盡可能善用今生、把佛法付諸實修的主要障礙。我們總是延遲修行。我們總是說：「喔，我會等到有些空閒或退休之後再修行。」但是，以這種態度，修行的時機永遠不會到來。佛經不斷強調，觀修無常與死亡是驅除怠惰的方法。無常與死亡的念頭激勵我們修行。這是

為什麼雪謙‧嘉察寫道：

> 在無常與虛幻的雲朵之中，
> 生命的閃電舞動著：
> 你確定你明天不會死亡？
> 死亡無可避免，因此你要修持佛法！

無常

　　當我們要去度假時，我們精心準備：訂機位、預定旅館房間、打包行李等等。如果我們要去健行或滑雪，我們會開始做些運動暖身。我們投入大量的時間和精力，只為了一天的假期！然而，我們卻對準備自己的死亡這件事情無動於衷。我們為什麼對等在我們前面的最重要旅程如此漫不經心？我們將要離開這個身體，然而我們卻沒有興趣為這段無法避免的旅程做準備。在這段旅程之中，只有我們的業會如影隨行。當我們比較這兩段旅程的重要性時，我們會發現，自己對這兩段旅程的態度似乎有點不成比例。

　　雖然我們在許多不同的層次上受無常所包圍，但我們卻不總是能覺察無常。粗重和細微層次的無常存在於外在世界之中。舉例來說，在今日的菩提迦耶附近，一座小山丘上覆滿用錫片和塑膠板建成的破舊房舍。在佛陀身處的時代，這座小山丘是廣大僧團研習和修行的處所。如今連一塊石頭也不剩，只空留記憶。

　　眾生也是無常的。事實上，每個人都受制於無常。不論是偉大的覺者或凡俗的眾生，無常都一律平等待之。我們全都會衰老、生病和死亡。沒有人能夠逃離這個循環。我們人生的狀況也不斷變動。你或許前一天富有，隔天就破產，反之亦然。不論我們多麼希望情況不是如此，但沒有什麼是永久而可以讓我們仰賴的恆常事物。

　　然而我們緊抓著事物不放，希望因此能找到快樂。一般而言，如果我們知道某件事物只能維持一剎那，我們甚至不會想去抓住它。我們根本不會去找這個麻煩。這就是為什麼思量人身的過渡自性，乃是減少我們喜愛或排拒世間事物的工具。我們愈觀修無常，我們的執著就會愈少，因此，我們的貪愛與嫌惡衝動將會消失。

　　所有過去的偉大修行者，都把無常做為觀修的主題之一。偉大的禪修者噶拉‧貢秋（Karak Gomchung）住在洞穴之中，入口處有一株多刺的樹叢。每一次他走出洞穴，他的袍子就會被樹叢的刺鉤住。他會說：「喔，我應該砍掉這荊棘樹叢。」但他很快就改變主意，心想：「喔，這麼做有什麼用處？誰曉得我會不會再回到洞穴裡，或者幾分鐘之後，我是否還會活著？」之後，當他進入洞穴時，同樣的事又發生了，他心想：「喔，我應該砍掉這個樹叢！啊，但是誰曉得我會不會再出洞？我最好善用每一分鐘來禪修，而不要浪費時間。」噶拉‧貢秋已經把無常融入心中。在閉關多年之後，那個樹叢仍然留在那裡做為一個提醒。

輪迴過患

　　輪迴過患是改變我們態度的第三個思量。只要無明佔上優勢，我們這依緣的存在不過是痛苦以蒙紗遮掩的一種表現。這是為什麼佛陀在初轉法輪時，他一開始就說：「喔，比丘們，你們應該認清痛苦的真諦（苦諦）。」

　　自無始以來，
　　在輪迴的牢獄之中，
　　你一直忍受三苦的懲罰。

　　諸如疼痛、炎熱、寒冷等痛苦是明顯而常見的痛苦。這些痛苦相繼而來，一個痛苦堆疊在另一個痛苦之上。那是常見的痛苦體驗。痛苦也有更細微的形式。我們常常誤解什麼是真正的快樂。我們沒有了解到我們現在所認為的快樂，事實上充滿了痛苦。

　　即使我們一般的快樂感受似乎至少暫時是令人愉快的，但這種快樂註定要變成痛苦。轉變成痛苦是這種快樂的本性。舉例來說，當我們在非常寒冷的房屋之中，我們想要取暖。因此，我們走到外面去曬太陽。剛開始，太陽的溫暖令人感到非常愉悅，我們的寒冷消失了。但是當我們待在陽光下愈久，我們感覺愈熱，這中和了我們愉悅的覺知。最後，我們覺得太熱了。這感覺太強烈，變得令人感到不悅。我們最初的快樂改變了。最初似乎令人歡喜的溫暖不再讓我們快

樂，最後轉變成痛苦之因。

　　另一種形式的痛苦甚至更細微、無所不在，而且隱而不見。這個層次的痛苦和我們的習氣有關：執著「有個永久自我」和「現象是個實體」這種想法的習氣。這種執著讓我們視現象為獨立的實體，具有美、醜等本具特質。最後，喜愛和嫌惡的衝動生起，製造了心毒，進而引起痛苦和挫折。因此，在這個情況下，無明或沒有認清現象只是依緣而生的短暫事件，乃是引起痛苦的根本原因。只要無明還在，痛苦永遠不會遠離。痛苦是輪迴的本性，但是我們沒有認清這個本性。這是為什麼本論說道：

　　然而，你仍然漠不關心——這腐敗墮落的心！
　　此時此刻是征服大樂城堡的時機。

　　「大樂城堡」是指證悟和盡除無明，因此也就是盡除痛苦。「大樂」並非暫時的紓解，它能根除痛苦之因。

因果業報

　　第四個思量是因果業報，說明了「快樂與痛苦如何形成」這個問題。佛陀教導，一切都是因與緣的結果。這是業之法則。因果業報是無法避免的。根據佛教傳統的說法，因果業報不但決定今生的方向與輪廓，也決定了來世的方向與輪廓，其中包括來生各種存在狀態的體驗。

　　佛教徒不把死亡視為終點。生命的終結不像火焰熄滅的剎那，或水滴在炎熱表面蒸發的片刻。相反的，佛教徒相信，心識持續帶著源自所有活動和行為的潛藏力，後者稱之為「業」。善與不善的行為決定業的方向。善業帶來快樂，惡業帶來痛苦，因此，認清和區分善業與惡業之間的不同是極為重要的。

　　快樂和痛苦是業的展現。
　　因此世尊曾說，
　　你無法逃離因果業報的法則。
　　明白這一點，謹慎地加以區分：
　　避免惡業，成就善業。

　　有一句話說：「如果你想要看看你過去是什麼模樣，看看你的身體；如果你想要看看你未來會是什麼模樣，看看你的行為。」
　　你不是沒緣沒故、無中生有而來。你的人生境遇既不是註定命運的結果，也不是造物聖主加諸在你身上的事物。你今天的模樣純粹是因果這條長鏈的結果。你可以從自己的經驗了解到，過去的錯誤如何帶來嚴重的後果。
　　如果你想要知悉未來，思量你現在的行為、思想和語言。如果你想要避免痛苦，獲得快樂，那麼你要聚集會帶來安樂的因緣。你要保持正念觀照，檢視你目前的行為、念頭

和語言，看它是會成為痛苦之因，還是會成為快樂之源。身、語、意的行為，不一定會帶來立即的結果。這些行為比較像種子，具有成為花朵、樹木或果實的潛能。我們過去的業，包含許多尚未盛放的潛在種子。

想一想這個故事。佛陀的一個追隨者想要成為比丘。佛陀的弟子舍利弗（Shariputra）運用神通來追憶過往，想要找到那顆種子：讓那個沙彌生起走上比丘解脫道之願望的種子。在那些種子之中，有一個種子看起來相當不起眼，但事實上非常重要。這個人曾經投生為豬，被狗追趕而繞著佛塔跑。因此，這隻豬在不知情之下繞行了佛塔許多次。這看似微小的因緣，最後成為帶領他遵循修道的種子。

我們過去的行為和印記極為錯綜複雜。我們目前所處的境地並非出自偶然。我們目前的經歷是眾多因緣的展現。這些因緣相互交織，如今開花結果。

了悟空性，讓我們對因果業報法則有甚至更深刻的了解，並對我們的行為有更強的洞察力。為什麼？因為藉由了悟現象缺乏獨立的存在，我們了解到，現象唯有依賴其他的現象才能夠生起。對於「緣起」的了解顯示，我們所有的行為都牽涉了眾多的因緣。為了成就快樂和避免痛苦，我們需要檢視自己的行為和念頭，並且對因果業報法則生起非常細微的了解。證量高深的修行者，從不忽視因果業報法則。事實上，對因果業報法則的了解使他們謹言慎行，並對他們的言行做精細的判斷。

修道之根本：皈依三寶

深刻地觀修四思量，將為你的態度帶來甚深的改變。你將了解人身實際上多麼殊勝而脆弱。在對因果業報法則生起信心，並了解痛苦遍佈輪迴之後，你將自然而然地生起逃離這惡性循環的欲望。你將需要一個人引導你，幫助你找到自由，而這個人不是隨隨便便的某人。你需要一個具有證悟功德的人。

依止一切皈依的無欺體現：

無上之三寶。

只要聽聞他們的名號，

就能夠粉碎輪迴之城。

三寶是指佛、法和僧（或僧伽）。佛如同嚮導，法是道路，僧是道路上的友伴。

佛或桑傑（Sangye，藏文）是什麼意思？「桑」（sang）意指已經清淨，「傑」（gye）意指已經盛放或增長。佛是已經去除煩惱障和所知障等二障[7]、並生起二智[8]者。法保護我們免於輪迴的不同痛苦和迷妄的障蔽。法透過兩個方面來達到這個目的：所傳之法（transmission of the teachings，即三藏）和

---

7 二障是指：一，諸如瞋怒、執著等煩惱障，以及二，遮避全知，二元而充滿概念思惟的所知障。此二障如同帳幕，遮蔽了心與現象的究竟自性。

8 二智是指：一，通常特指對空性了悟而生起的正確辨別能力；二，心之自性其本然而無二的了知層面。

所悟之法（Dharma of realization，即透過修行所證得之法）。

　　僧伽是具有自在與解脫功德的團體。漫長旅途上的友伴總是珍貴而重要的。僧伽陪伴你在修道上行走，因此特別殊勝。

　　僧伽的成員是「無上的」，因為他們離於無明，已了悟究竟智慧。因此，僧伽值得你完全信賴，而可以尋求他們的協助。藉由依止僧伽，你將能夠盡除無明之根，驅除痛苦之因。

　　皈依如同穿過一扇門，進入佛教的道路。這有如播下一粒能夠使我們從輪迴解脫的種子。這種子將在因緣成熟時開花結果。認清心之真正自性，了悟我們本具之佛性，即是皈依之果。

第四章　生起菩提心

　　為了修持佛法，尤其是修持大乘佛教之法，我們必須改變自我中心的態度，而變得親切、關懷他人的福祉與安樂。到目前為止，我們一直只關心自己的情況，學習如何讓自己從輪迴中解脫。但這是十分有限的。在那麼多的有情眾生之中，我們為什麼獨獨希望某個人遠離痛苦？把思考的範圍超越自己，思量一切有情眾生和我們一樣都希望獲得快樂，不是比較值得嗎？

　　你承認自己希望獲得快樂、避免痛苦，並了解一切有情眾生也一樣渴望相同的目標。關心他人的福祉安樂，如同關心自己的福祉安樂。你要努力獲致證悟，來讓一切有情眾生離於痛苦，為一切有情眾生帶來快樂。本論勸告我們，要把帶領其他眾生獲致證悟，視為我們的責任：

> 自無始以來，母眾一直溫柔地照料我們，
> 在這個世界上，
> 有誰比追求個人的涅槃寂靜，
> 而遺棄在輪迴汪洋受苦的母眾之人
> 更厚顏無恥？

　　自無始以來，在你的每個生世之中，你的母親懷胎十月。當你是個無助的嬰孩時，她照顧你；她給你食物、教

育，保護你免於恐懼。我們對她的仁慈報以愛與感謝。

　　你為什麼不把對母親的尊敬與感謝擴及所有其他眾生？從一個更寬廣的角度來思量，在無數的生世之中，每個眾生都曾是你的母親。如今他們不也值得你仁慈以待？你可以把你虧欠今生母親的感謝，推及一切有情眾生。把這種感恩之情從一個人擴及一切有情眾生。藉由這麼做，你將開始深深關切其他眾生的安樂。這種感受將自然而然地生起，並且對你有了意義。

　　我們受皈依戒不只是為了自己，也為了一切有情眾生。此即以一切有情眾生獲致證悟為目標的菩提心或利他心。這種菩提心的力量是那麼強大，之於修道是那麼關鍵，因此：

> 自無數劫以來，
> 那些具有無上智慧者及其子嗣
> 已經用大智慧探究並了解，
> 殊勝的菩提心具有大利益。

　　擁有全知智慧的諸佛「及其子嗣」，全都是曾經追隨佛陀腳步的偉大男女菩薩。他們全都了悟到，生起利他的菩提心，乃是在證悟道上前進的唯一動力。我們要努力追隨諸佛及其子嗣的腳步，並且像他們一樣生起殊勝的證悟心或菩提心。

　　修學菩提心有兩個面向：相對菩提心和究竟菩提心。究

竟菩提心是了悟空性，並且隨著時間的進展而慢慢成熟。相
對菩提心是一種利他主義，以慈悲為根基。相對菩提心展現
為一種態度（願菩提心），也展現為行動（行菩提心）。經過
長時間的深耕培養，相對菩提心的修持將自然而然地轉化你
的心，直到你了悟究竟菩提心。

相對菩提心

相對菩提心是為了其他眾生的利益而踏上證悟道的願
望。在生起願菩提心之後，你要修持願菩提心，並且把願菩
提心化為行動（行菩提心），因為：

在所有通往究竟目標的道路之中，
如果你走上這條道路，
開啟雙重目標的寶藏，
你怎還需要其他的見證？

遵循兩個傳統的其中一個傳統，
生起願菩提心和行菩提心，
學習它的戒律：
詳細的和精簡的、共與不共的戒律，
並熱切地把它們付諸實修。

「開啟雙重目標的寶藏」是指藉由遵循這個道路，你將毫

無疑問地實現自己和他人的願望。你可以領受菩薩戒的教法，做為你的誓戒之「見證」。這個菩薩戒的兩大傳承是「廣」（the vast）傳承和「深」（the profound）傳承。深傳承源自偉大的龍樹菩薩，廣傳承則來自無著尊者（Asanga）。在這兩個偉大的傳承之中，菩薩戒是生起菩提心，並且時時刻刻把菩提心付諸實修。在付出任何努力之前，你要先生起決心，如此你才能立志去完成任務。同樣的，在受菩薩戒之後，你要先學習所有的菩薩戒律，並且再次確認你的發心——共與不共兩者。接著，你開始把所學熱切地付諸實修。

令菩提心覺醒的利益

思量諸佛與我們這些凡夫俗子之間的不同。
諸佛實現其他眾生的利益，
我們則以自身的利益為目標。
即使犧牲你的性命，也不要放棄菩提心。

在日常生活中，我們主要全神貫注於自我中心的動機發心，並受發生在我們身上的事情所纏繞。我們主要的關注是保護自己的福祉，而且通常是犧牲他人的利益來達到這個目的。我們覺得必定能夠從照顧自己中獲得滿足。但是情況並非如此。事實上，自我中心只會增加痛苦，並創造一個讓我們在歡樂與痛苦之間擺盪的不定模式。

　　相反的，菩提心的利益是明確的。那些成佛者把他人放在自己前面。這麼做是他們成就證悟道的祕訣。利益他人的動機讓他們達成兩個目標。他們利益眾生，但在此同時，他們也在沒有刻意尋求的情況下，為自己獲得了短暫的和究竟的安樂。

　　對於初學者而言，菩薩的偉大行為或許似乎無法企及。但你慢慢地著手進行，你將逐漸能夠生起展現慈悲的能力。你要從採取小步驟，生起一顆善良的心開始。你要努力保持正念觀照，如此一來，即使是最簡單的行為都不會源於自我考量的發心。藉由這麼做，你將生起更大的悲心。

> 既然菩提心是菩薩
> 如海事業的根本，
> 因此菩提心是一切學處的關鍵，
> 大乘修道之根。

> 如果你擁有菩提心，你將走上正道；
> 你的所作所為，即使是無記（不善不惡）的行為，
> 都將轉為善行，
> 而你將永遠不會偏離解脫道。

　　菩提心應該是一切學處和一切事業的根本。此即菩薩戒的核心。一般來說，我們不把中性（無記）的行為和修行連

結在一起，例如洗衣服或上樓梯等中性行為。但是如果你的利他目標是帶領一切有情眾生獲致證悟，那麼菩提心將成為你的第二天性，充滿你所有的念頭和行為。菩提心讓生活的所有面向充滿價值。有了菩提心，即使是最微小而普通的行為，都將使你更接近所要達成的目標，而且你「將永遠不會偏離解脫道」。

> 若無菩提心，不論你做什麼，
> 你將停留在小乘的道路上；
> 即使連你的善行都將使輪迴永存不滅，
> 更別說中性的和其他的行為。
> 不論你做了什麼，都將是痛苦。

行為既不是「本善的」，也不是「本惡的」。行為是善或惡，取決於行為背後的動機發心。時時問自己，你的動機發心是利他的，還是會造成進一步的痛苦。不要只看自己行為的表象和他人行為的表象，而要思量行為背後真正的動機發心。如果你擁有菩提心，不論你做什麼，都會成為善行。相反的，「沒有菩提心，不論你做什麼，你將停留在小乘的道路上。」沒有菩提心，「即使連你的善行都將使輪迴永存不滅。」從外表來看，這些行為或許是美好的。但若無利他的發心，這些行為將無法真正地利益他人。

因此，你必須以當下、覺察和關切
一再檢視你的心。
絕對不要認為，
違犯微小的戒律是一椿輕罪。

唯有警醒地質問你的動機發心，你才能夠確定動機發心的本性是自我中心的或利他的。戒律的要求是，你的所作所為都必須是利他的。不要認為小小的犯規無足輕重，因為小小的犯規會帶來更具毀滅性的結果。時時刻刻都要保持警醒，即使是在生活中最微不足道的層面，都要保持警覺。放棄利他心，等於喪失了「治癒」所不可或缺的共通丹藥。

不斷地用正念觀照來檢視你的態度和行為。這種覺察是生起菩提心的關鍵。

菩薩戒

在請求諸佛菩薩
護念你之後，
你披上立誓解脫一切眾生的盔甲，
因而使天上和人間歡喜。
因此如果你現在欺騙了他們，
所有這些有情眾生將會如何？

在受菩薩戒的時候，你請求十方三世的諸佛菩薩來見證，看你披上解脫一切眾生的勇氣與決心之「盔甲」。沒有什麼比奉獻自己來利益他人更能夠令「天上和人間」歡喜。如果你沒有貫徹諾言，你不但欺騙和遺棄了自己，也欺騙和遺棄了無數無量你努力奉獻的有情眾生。

　　話說，透過精進不懈，
　　即使連蜜蜂和蒼蠅都能夠獲致證悟。
　　為什麼你身而為人，
　　卻缺乏勇氣？

剛開始，這個任務的巨大程度或許看來令人卻步。我們或許會感到挫折，懷疑我們實現這個承諾的能力。但是事實上，在展開一件事情之前就感到挫折，不正是怠惰的一種形式嗎？任務不可行不是問題所在，我們的感受才是問題所在：我們覺得，完成這樣的目標需要太多的努力。事實上，我們甚至在離開起跑點之前，就放棄了比賽。

如果你要對治這個惰性，你必須記得你能夠用精進不懈和決心來成就任何事情。從許多生世以來，無數無量的眾生逐漸地從畜生道前進至人道。在長時投生人道（多次）之後，他們堅持不懈而獲致證悟。即使像「蜜蜂和蒼蠅」這樣的昆蟲「都能夠獲致證悟」。因此，當我們擁有殊勝珍貴的人身、具足一切必須的順緣時，我們怎可變得缺乏勇氣？如

雪謙‧嘉察所說：

> 熟能生巧，
> 萬世皆然；
> 你必須一再努力
> 不斷修心。

　　藏文「禪修」（meditation）這個字意指「熟稔」（familiarization）。我們可以精進不懈、按部就班地修心。這麼做使我們能夠在菩薩道上前進。在你成就菩薩最勇毅的勝行之前，你需要時間和努力。因此，你要精進不懈地修行。在座上修法期間，你要立下誓願，並且加以觀修。接著，試著在座下修法期間，把這個願望付諸實修。

第五章　如何克服障礙

　　在所有的障蔽之中，對自我的執著（我執）是輪迴的真正根源。如月稱菩薩所說：

> 我們首先執著於「我」這個見解，接著是「我的」。
> 由於這種執著，
> 眾生如同在水車磨坊般地在輪迴中起伏循環。
> 我向慈悲對待所有這些眾生的大悲者頂禮。

　　當我們把某件事物描繪成「自我」，並且認為「自我」是真實存在的本體時，輪迴就開始了。顯而易見地，立論有「我」，便帶來「他人」，而「他人」不是「我」。這樣的結果是，我們開始區分事物，例如這是你的和我的物品、財產等等。我們因此創造了輪迴的二元分立及隨之而來的痛苦。「大悲者」（Great Compassionate One）或已經圓滿了悟實相之無二自性的人，對那些落入分別心的眾生，無法不生起悲心。

> 雖然我沒有傷他分毫，
> 但是自無始以來，
> 我的敵人「我執」已經侵入我的心，
> 把我囚禁在可怕的輪迴牢籠之中。

我們把傷害自己、侵害自己財物或親戚的人視為「仇敵」。我們可以用許多方法來應付一般的敵人，或改變我們和一般敵人之間的關係。我們可以報復或試著傷害這些敵人。我們可以努力勝過敵人。我們可以和敵人握手言和。我們可以藉由對話、獻禮或彼此妥協來解決情況。情況會隨著時間自然而然地改變。我們曾經的敵人可以成為我們的朋友，我們向來的朋友可以成為我們的敵人。

但是對「我執」而言，情況就不是如此。我執是一種獨特的敵人。雖然我們從未傷害「自我」，但是從無始以來，「自我」卻一直不斷地傷害我們。我執是殘酷而鐵石心腸的。我們無法和我執結為朋友，也無法誘惑、賄賂、說服我執，也無法和我執建立公平的關係。不像普通的敵人需要睡眠，我執這個敵人一天二十四小時地攻擊我們。它絕對不會讓我們有喘息的機會。我們可以保護自己，和普通的敵人保持距離，但是我執這個敵人卻在我們的核心之中、內心之中。奇怪的是，我們卻從未驅逐我執。

我們能夠做些什麼？首先，我們必須了解，我執已經對我們造成諸多的傷害。我們必須認清敵人的身分，然後戰勝它。

它在我身上已經施加數百種痛苦折磨。
然而，我不但沒有怨恨它，
反而信任它，並且受它控制。

有比這個更嚴重的
災難和迷妄嗎？

　　你可以用三種方法遠離我執這個敵人。第一個方法是攻
擊「自我」這個想法及其產生的煩惱。第二個方法是透過正
念和覺察，轉化這些具破壞性的情緒（煩惱）。第三種方法
是檢視這些情緒的真正自性，並且有目的地把它們用於修
道。

如何運用對治解藥

　　誤給的忍辱不屑一顧。
　　把三寶做為我的依怙，
　　登上不退轉出離心的座騎，
　　披上四無量的盔甲，
　　激勵六波羅密的軍隊，
　　今天，佩著空性與慈悲的銳利武器，
　　我將斬殺我的仇敵！

　　當你無法再容忍敵人而宣戰，這個隱喻描述了藉由攻擊
來降伏煩惱的過程。我們採取行動來對付我執的時機已經成
熟。為了攻擊敵人，我們需要一群盟友。當然，三寶是力量
最強大的盟友。如果我們信任佛為我們的嚮導，法為我們的

道路，僧為我們的袍澤，我們將所向無敵。

　　為了進入沙場，我們也需要強壯的「不退轉出離心的座騎」。出離心是永遠脫離輪迴的甚深願望。我們也需要盔甲來保護我們免於受到武器的傷害，防禦我們受到負面情緒之敵的攻擊。四無量心的修行法門是我們最精良的盔甲。這四無量心分別是：（一）無量慈心，也就是希望一切有情眾生擁有快樂和明瞭什麼是快樂之因；（二）無量悲心，也就是希望一切有情眾生離於痛苦及痛苦之因；（三）無量喜心，也就是希望一切有情眾生若已擁有的快樂將不斷增長；（四）無量捨心，也就是希望把前三個無量心平等無別地應用於朋友和敵人身上。修持四無量心能夠攻擊貪、瞋、癡、慢、疑等五個敵人。

　　六波羅密是我們的軍隊。每一支波羅密軍隊都受訓來擊潰特定的敵人。佈施波羅密殲滅貪婪吝嗇。持戒波羅密征服反常不定的行為。忍辱波羅密降伏瞋怒。精進波羅密驅除怠惰。禪定波羅密克服散漫。智慧波羅密擊敗無明與迷妄。這些軍隊需要武器，而滿懷慈悲的空性是最銳利的武器。我們擁有武裝和信心，肯定能夠克敵致勝。藉由擊潰無明這個敵人，我們將擊敗各種內在與外在的敵人。

　　如果我不摧毀我執，
　　它將繼續製造「無間地獄」
　　及其他地獄的無盡痛苦。

有哪個頭腦清楚的眾生不會採取行動？

在這個持續製造痛苦的敵人面前，你不要沾沾自喜。你
必須贏得這場戰鬥，對抗我執帶來的不斷傷害。如果你不這
麼做，就會讓我執繼續「製造輪迴的無盡痛苦」。

藉由探究來捨棄負面情緒

檢視「自我」的自性
停留在何處及前往何處；
你將會發現「自我」不具有絲毫的存在。
「自我」是一旦被降伏
就不會再起的敵人。

長久以來，我們一直相信有個堅實而獨立存在的自我。
現在是分析這個想法的時機。我們把自我視為一個獨立的單
位。事實上，我們把它視為我們身體和意識的主人。我們想
著「我的名字，我的身體，我的心識」，彷彿一個獨立而永
久的自我擁有這一切（名字、身體和心識）。且來檢視，這
個自我在哪裡？它在我們的外部？還是和身、心有所連結？
如果它是在身體之內，那麼它是在身體的哪個部分？我們無
法找到它。

當我們如此探究時，我們發現自我只是個概念。但是這

個概念從何而來？如果自我是呈現於心中的「識」，那麼自我住於何處？當它離開的時候，它前往何處？在過去的念頭和未來的念頭之間，自我會發生什麼事？自我是住在兩個不存在的事物之間嗎？自我的當下念頭，如何能夠存在為某個東西？

　　心識如同一條溪流或河川。因為河川的歷史和特質，我們給予河川一個名字，例如我們把一條河川命名為「恆河」。然而，這個名字只是我們對一條不斷變動的河流在心智上的指稱。當我們認為，名字暗示著某種永恆而固定的本體，且此本體存在於那條流動河川的核心之中，我們就犯了一個錯誤。我們可以把河川命名為「恆河」。但是沒有什麼會從那條河川冒出來說：「我是恆河的主體。」自我也是如此。

　　一旦我們了解自我是一個變動的過程和一個指稱，當那些相連於「我」想法的強大心智因素生起時，我們便不再受到愚弄。如此，我們慢慢擺脫迷妄的糾纏，並且可從希望與恐懼的翹翹板上下來。

> 在過去，無上的勇者菩薩
> 藉由降伏這個敵人來證得大樂。
> 了解在這危急關頭的風險和利益，
> 不讓這個敵人逃脫的人
> 乃是智者中的智者，

勇者中的勇者。

誰能夠與這樣的人齊頭？

　　物質性的敵人能夠在潰敗之後重振旗鼓，再度攻擊我們；但是在和我執這個敵人的戰爭中，情況卻非如此。一旦我們真正了悟——不只是智識上的了解——我執這個敵人原本就不真的存在，這個敵人將永遠不會再起。過去偉大的菩薩藉由消融我執而證得解脫，即證明了這一點。追隨這些偉大菩薩的步履，為你自己成就解脫。藉由這麼做，你將在對抗無明和痛苦的究竟戰鬥中獲勝，達成教法的目標。

擊敗敵人

為了降伏我執，

明智的諸佛

詳釋八萬四千種教法，

根據每個眾生的根器因材施教。

這一切全都是為了調伏我執。

取決於眾生根器的層次，

煩惱可以被根除、轉化或運用。

然而在本質上，這一切的根本

乃是無上的修學——菩提心。

　　盡除對自我與實相的執著，乃是佛陀所有教法的目標。我執有多種形式，並且瀰漫在我們的心與行為之中。我們需要使用各種方法，從不同的角度來攻擊我執。因此佛陀詳述了八萬四千種教法。

　　基本上，我們可以用三種方法來處理煩惱及煩惱之根源──我執：我們可以棄絕、轉化或運用煩惱。你要依照自己的天性和能力，應用最有效的方法。最安全的方法是使用直接的對治來去除每個煩惱。這種方法對每個人都有效。具有一些經驗的修行者，可以使用第二種方法來轉化情緒，而不是使用對治解藥來對治情緒。那些擁有較高才智和非凡能力的人，則可以實際把煩惱用於修道之上。記住，在每個情況之下，目標都是一樣的：去除我執。

如何處理負面情緒：實用的闡釋

> 人們要如何修行？
> 不要受造作輪迴的
> 凡俗念頭所駕馭，
> 而是用正念觀照掌控念頭。
> 重新整合你過去所有的瞋怒，
> 用對治的軍隊徹底擊潰瞋怒：
> 這就是放棄煩惱。

我們的念頭和心之造作日日夜夜煩擾我們。它們如同暴風雨中的強風，分散我們的注意力。如同黑夜濃厚的雲層，障蔽我們的真正自性。它們無法為我們帶來寧靜，只會進一步讓我們落入痛苦的陷阱之中。我們總是讓各種煩惱「駕馭」我們，例如貪、瞋、癡、慢、疑等煩惱。我們讓它們侵入自己的心，並且任其坐大。這麼做的結果是，我們讓它們增長為強大的力量。

運用對治解藥來對治這些情緒，是雪謙‧嘉察建議用來去除這些情緒的第一個方法。戰士藉由回想敵人在過去造成的一切傷害來為戰鬥做準備。這些念頭能誘使戰士去殲滅他的敵人。

我們必須研究我們的敵人。我們運用正念觀照，讓我們覺察這些負面念頭的生起。舉例來說，當第一個瞋念生起時，注意它，不要讓它增生。相反的，你要回想過去當你受到瞋怒的控制時，發生了什麼事情。根據你直接的經驗，你了解瞋怒所造成的痛苦與問題，並且認識到瞋怒的過患。一旦你清楚了解瞋怒是具有破壞性的，你就能夠直接用對治解藥來擊潰瞋怒。

你可以尋找特定的對治解藥來摧毀每一種煩惱。為了征服貪欲，你可以觀修對境不吸引人的面向。針對瞋怒，你可以觀修慈心。針對忌妒（疑），你可以觀修隨喜等等。這是你藉由拋棄煩惱來去除負面心理因素的方式。

接著，為了徹底清淨你的行為，

如同把鐵轉化成為黃金一般，

用相對菩提心轉化三對境、三毒和三根本功德。

第二種方法適合那些具有中等根器的眾生。這個方法是：當情緒生起時，轉化它們。一旦我們能夠生起菩提心，也就是覺醒的利他心，我們就能夠把菩提心應用於各種煩惱。舉例來說，當瞋怒的感受生起時，運用正念觀照來確認它們。接著如此思惟：「我現在正感受到瞋恨。在過去，瞋恨已經讓我承受許多痛苦。願一切有情眾生的瞋恨經由我的感受而獲得清淨。」當強烈的貪欲生起時，用相同的方式生起菩提心來轉化貪欲的感受。

念頭通常不間斷地接踵而至。同樣的，我們通常追逐我們的念頭，如同一隻狗一再叼回被擲出的同一顆石頭。一個念頭生出兩個念頭，兩個念頭生出三個念頭，很快地它們成倍數增生，完全侵入我們的心。但是獅子不像狗；獅子不玩你丟我撿的遊戲。獅子不會盯著石頭看，反而會轉過頭去尋找丟擲石頭的人。藉由遵循獅子的範例，我們可以檢視念頭的來源，而不去追隨念頭，並且看清念頭源自心的究竟自性。在這個過程中，念頭自然而然地融入心的究竟自性之中，不再繁殖增生。

「用相對菩提心轉化三對境、三毒和三根本功德（three root merits）。」三對境（three objects）是指做者、受者與行

為本身這三種概念。三毒是指貪、瞋、癡。三根本功德是指
受到煩惱染污的尋常功德、離於煩惱的尋常功德，以及不定
的功德。藉由應用菩提心，我們可以把三對境、三毒和三根
本功德轉化成為智慧。

> 最後，修持究竟菩提心，
> 了悟一切生起皆是法身之展現，
> 法身即本初自性，即無間的離戲。
> 若不執著，無論生起什麼，都會自然解脫。
> 在這不排斥也不接受的大平等味之中，
> 繼續保持。

> 這個涵義，智慧與善巧方便的本初無二，
> 以慈悲為本質的空性，
> 必須被帶入修道。

在第三種方法中，具有上等根器的修行者把煩惱用於修
道之上，藉以增長對空性的了悟。所有的念頭和煩惱都是本
初自性、法身或純然覺性的戲耍（play）。所有的念頭和煩惱
都在法身中生起，並且重新融入法身。懷著這種認識，不論
生起什麼樣的念頭或煩惱，我們都視它從法身生起，並且重
新融入法身。認清念頭源自法身，即是認清念頭從不存在、
停駐或寂滅。當把心安住在這種認識之中，將不再受到念頭

的困擾。由於我們認清了念頭的本初自性，因此不論生起什
麼，都將自然解脫。

　　如果我們能夠認清空性是念頭的真正自性，那麼當念頭
生起時，我們就能夠解脫念頭，不必需要特定的對治解藥來
排拒每個念頭。此即了悟大平等味（the great equal taste，大
平等捨）。

　　我們的目標應該是達到這種層次的了悟：能結合空性智
慧與由慈悲而任運自生的善巧方便。這是為什麼本論會說：
「以慈悲為本質的空性。」我們必須把它帶入修道，並且在此
生中把它應用於每個修行次第。如果我們認清念頭的空性，
不把念頭具體化，那麼念頭的生起和寂滅就能夠讓我們釐清
和增強對空性的了悟。

第六章　自他交換的殊勝法門

然而，為了逐漸使心穩定，
初學者必須先修持相對菩提心。

為了使心穩定，首先要修持相對菩提心。修持菩提心時，先從平等看待他人和自己開始，然後設身處地。在發展出足夠的力量和勇氣之後，試著把他人的快樂放在自己的快樂之上。

為此，你要明白一切有情眾生都曾是你的母親，
思量她們的仁慈和回報她們的方式。

在無數生世之中，我們都曾經以各種不同的方式和彼此結緣。在此或彼的某個生世之中，每個眾生都曾是你的母親。在許多生世之中，我們和所有其他的眾生都有如此親密的聯繫；這種敏銳的覺察會使你產生廣大的緣起感受，也將使你的慈心修持變得遍在而無限。

不論你對今生的母親有什麼樣的感情，試著去感謝她的慷慨。我曾經聽到一些人說，因為過去的憤恨不平，他們無法對自己的母親生起感恩之情。他們說，他們寧願把自己的狗或貓當做觀修的對象！但是，我們的寵物並未把我們帶到這個世界，是母親賦予我們生命。愛你的寵物是不錯的，但

那是另一回事。

　　當你在母親子宮內的時候，她像牧場主人一樣，用那麼多的慈愛和耐心懷著你這個小小的陌生人九個月。在你出生之後，仍然需要母親才能存活。你像一個來路不明、不停哭泣的對象由她給予食物和飲水。她賦予你生命，出於慈愛地養育你。以最基本的層次來說，你沒有母親就無法生存。當你長大之後，她可能花費更多的心力來哺餵你、替你穿衣，照料你，教導你如何在這個世界生存。

　　不論在後來的人生中發生了什麼事，試著去感受這最初的感謝，如此一來，你就會自然而然地想要報答母親，為母親帶來快樂。不論目前你和一切有情眾生之間有什麼樣的關係，你要練習把同樣的感謝和尊敬擴及一切有情眾生。當你對賦予你今世生命的母親懷著情感和感謝，並且用相同的情感和感謝來對待其他眾生時，你就會自然而然地開始關心其他眾生的安樂。

　　生起溫柔的慈心及其他三個無量心，
　　尤其是生起神妙的大悲心。

　　依照次第來觀修四無量心，
　　先是對著極為容易生起的對境，
　　接著是比較容易生起和難以生起四無量心的對境，
　　並且透過各種方法來修學這四無量心。

　　既然我們無法做出絕對的評斷，

　　因此你和一切眾生都同樣想要快樂，

　　你和一切眾生都同樣想要避免痛苦。

　　既然我們難以對陌生人和我們不喜歡的人生起慈心和悲心，因此首先我們必須慢慢地、按部就班地生起這種情感。剛開始，先對那些親近你的人生起溫柔和慈愛的感受。然後，讓那些情感變得更加清楚，並且出現在你的心中。這些情感將會隨著時間增長，直到對完全陌生的人，甚至對你有所憎惡的人充滿這樣的情感。我們為什麼要把任何人排拒在外？

　　曾經是朋友的人，可能會變成你的敵人，曾經是敵人的人，可能會變成你的朋友。事實上，你一輩子認為是敵人的人，在過去的生世可能是你最好的朋友或親人。當情況不斷變動的時候，你如何能夠把任何人歸類為「朋友」或「敵人」？慈的目標是為一切眾生尋找安樂，而不排拒任何一個眾生。試著去立下願望，願每個眾生獲得安康快樂。

　　堅持不懈、一再重複且按部就班地修持慈、悲、喜、捨「這四無量心」。修持這四無量心的時候，先從你心最能自然生起的無量心開始，並且以你最關心的人為觀修的對象。然後再把對象推及你認為比較難以觀修的人、或陌生人，甚至你的敵人。對你不喜歡的人生起慈悲的感受是困難的，但是有許多策略可以幫助你改變這種態度。首先，你要記住，每

個人，包括朋友和敵人在內，都努力想要獲得快樂，並且避免痛苦。當你看見人們為了日常事務而奔忙的時候，你要認識到，他們從事這些活動是由於希望尋找快樂或滿足。沒有人會費盡心力，只為了尋找痛苦！你要了解，你的敵人完全和你一樣，都想要獲得快樂。

　　即使人們對你居心不良，或出自無明地誤傷了你，你也要希望人們快樂。如果你了解，一切有情眾生和你完全一樣都擁有獲得快樂的權利，你將用平等的態度對待他人。你將了解到，你的快樂沒有理由比他們的快樂還重要。如果你持續如此修持，你將達到下一個次第，即設身處地。這只是時間的問題罷了。

　　一旦你能放開心眼而平等看待一切有情眾生，消除區分你和眾生之間的界線，你就不可能會有「犧牲另一個人的快樂來成就你自己的快樂」這種想法。舉例來說，想像你的一根手指受到感染而需要切除，你會執著於那一根手指而冒著失去整隻手的風險嗎？當然不會。那麼當人們面對自己和他人這個問題的時候，為什麼會如此的充滿疑慮？在手的例子中，你明顯有相互依存和相和一體的感受。你輕易地了解到，整隻手比一根手指更重要。對他人生起真正平等的感受，能幫助你把他們的需求放在自己的需求之上，因此突破了自我中心的藩籬。

　　善巧地生起這四無量心，能夠使你產生這種平等感。你要小心，不要卡在一種無量心之中。舉例來說，當你專注於

慈心的時候，你可能會逐漸偏向執取和情感。當這種情況發
生時，你要改為觀修悲心，專注於一切有情眾生所承受的巨
苦。但是，如此大量的痛苦可能會使你產生無力感和抑鬱感
而不知所措。如果發生這種情況，你要隨喜地看待他人的快
樂或美好品質。你要希望他們的快樂更加增長，他們所有的
不快樂和痛苦都消失無蹤。如果你因為觀修隨喜和快樂而失
去控制，對眾生的境況產生不切實際的評估，那麼你要藉由
生起對一切有情眾生的慈心和悲心，而把專注的焦點轉移到
平等捨心之上。從一個無量心轉換到另一個無量心的過程，
將使你不偏不倚地在修道上前進。

自他交換法

> 為了養成關心他人勝過關心自己的習慣，
> 當你騎乘在呼吸的馬匹之上，
> 從事自他交換法的觀想時，
> 你應該牢記重點，並且把重點融合為你的一部分。

　　有一個不可思議、運用呼吸技巧的自他交換法。它能夠
幫助你把四無量心融入你的天性之中。沒有什麼比呼吸更自
然。只要我們活著，我們就會呼吸。

　　在這個修行法門之中，當你呼氣時，你思維：「願我所有
美好的品質、快樂、福德和了悟都隨著我的氣息出去，利益

一切眾生。」思量所有眾生領受了這一切。當你吸氣時，想像你吸入所有其他眾生的痛苦及痛苦之因、負面念頭等等。想像你如同磁鐵般吸引這些煩惱和負面念頭，並且隨著你的吸氣，把它們全都融攝入你的心間，其他眾生因而解脫。接著，當你短暫地屏息時，把你吸入的所有痛苦和負面事物全都轉化為喜悅與快樂。

藉由一再重複這個修持，你就會自然地希望他人快樂，並且自然地承擔他人的痛苦。隨時在各種情況下修持這個法門；它是生起四無量心的極強大工具。

有些人可能會認為，他們已經承受太多痛苦而無法修持這個法門。如果你這麼覺得，那麼就運用另一個觀想。觀想你的心間有一個明燦的光球。此光即是菩提心，是悲心的勇氣。你觀想一切有情眾生的痛苦和心毒皆以一團灰塊或雲的形式聚集起來，消失在這個明燦光球之中，完全獲得清淨。這將轉化你自己和有情眾生的痛苦，而不會讓你有「背負」他人痛苦之重擔的感受。

你也可以改變這個觀想方法。觀想身體如同藍色的如意寶，對一切有情眾生散放出光芒，賦予他們所有的想望或需求，同時令他們從痛苦中解脫。或者，你可以觀想你的身體增生為數百個身相。每個身相前往一切有情眾生，轉化成為他們所需求的事物。對於那些需要食物的眾生，你轉化成為食物。對於那些需要衣服的眾生，你轉化成為衣服。藉由無限的身相，你能夠實現眾生的無限需求。

切勿以日、月、年來計數

或衡量這個修行法門。

你要問，真正的覺受是否已經生起，

認真地把菩提心化為

你自己含攝一切、甚深而不可或缺的一部分。

　　我們不應該用計算次數的方式來衡量這個修行法門，彷彿我們是在工廠製造某件產品一般。我們也不應該只修持幾個月之後就把它遺忘，轉而修持其他的法門。我們不該用「取得一個合格證書」的態度來修持這個法門。相反的，我們需要了解，反覆修持、熟悉修持、培養修持和禪修，乃是獲得菩提心之真正覺受的道路。

　　真正的覺受不限於正式的座上禪修（座上瑜伽）。在下座之後，如果我們覺得自己和上座之前一樣憤怒和缺乏耐心，那麼我們仍然需要努力。我們需要達到這樣的境界：慈悲和菩提心是我們的第二天性，座上禪修和日常生活之間沒有分別。你要努力讓自己像一個技藝嫻熟的騎師，即使當馬匹全速奔馳，躍過障礙物的時候，都能夠連想都不用想地保持平衡。

　　頂果・欽哲仁波切總是強調修行與生活結合為一的重要性。他說：「當事事順遂的時候，不是評斷一個真正修行者的時機。但是當逆境生起時，你就能夠清楚看見修行的短處。」修心應該成為你繼續體驗而不可或缺的一部分，不論在什麼

樣的情況下，你都能應用修心的法門。當你達到這樣的境界，你將不會因為面對困境而感到挫折沮喪，也不會因為面對順境而感到興高采烈。不斷檢視你的生活方式和教法是否融合為一，你是否能夠在任何情況下應用這些教法。

增進修行：積聚功德、廻向和隨喜

> 為了減弱修行的障礙，
> 增強修行的助力，
> 你應該竭盡全力
> 清淨障蔽，圓滿積聚功德，
> 不斷向上師和三寶祈請，
> 把所有的冀望交託給上師和三寶。

我們需要克服經常與修行相牴觸的態度和習慣。我們要運用善巧方便，把凡俗的活動轉化成為生起菩提心的機會，如此能夠增長修行，加速修道的過程。舉例來說，把從事供養、大禮拜、繞行、念誦咒語等正向修持的利益用於一個更廣大的目標，而不是只為了你自己有限而自私的目的。你總是要懷著這樣的念頭廻向功德：「願我為了其他眾生的利益而從事這個修行。願一切眾生能生起菩提心，也就是廣大的證悟心。」這麼做將增廣你的行為範疇。

為了有所進步，你需要對那些已生起你所尋求品質的人

具有信心，因此那些人也值得你信任。不要信任迷妄的凡
夫。這是我們之所以皈依佛、法、僧的原因。佛象徵證悟，
法象徵佛陀的教法，僧象徵所有追隨佛陀步履的僧伽。此
外，把你的上師視為佛是最重要的。

> 當你的快樂增長，
> 或當你渴望擁有快樂時，
> 你必須了解，善行會帶來快樂。

> 因此，時時刻刻全力以赴
> 慷慨地將所能獻予一切有情眾生，
> 祈願你的快樂和善行
> 能滋養一切眾生。

　　快樂與痛苦是因果業報的顯現。快樂與痛苦不是突然降
臨在我們身上的禮物或詛咒。善與不善是快樂與痛苦之因。
善行帶來快樂，不善行製造痛苦。當快樂的覺受生起時，你
要隨喜它是積聚善行的結果。當痛苦的覺受生起時，你要了
解你正經歷的痛苦純粹是你自己行為的結果。

　　把你所享受的快樂全部迴向給一切有情眾生，希望你從
自身善行所獲得的事物，有助於滋養和服務一切眾生。

　　一個真正的願望會在任何情況下茁壯，不論是逆境或順
境。我們的一切作為和覺受，我們所有的快樂和痛苦，都應

該讓我們生起菩提心。我們的信心應該如此地堅定不移，以致於我們能夠平等地接受生與死。

> 當你看見他人行善時，
> 衷心隨喜，
> 不要懷有敵意或忌妒，
> 並要祈願每個人都能夠如此行善。

欣賞他人的快樂和善行是菩提心的重要部分。當我們看見他人享受快樂、投入修行、從事佈施或其他善行時，我們可以用兩種方式來反應。我們可以隨喜或感到困擾。全心全意地隨喜和欣賞他人的善行，可以讓我們立即且幾乎毫不費力地分享他們的功德。另一方面，因為他人的快樂而感到忌妒或沮喪，只會製造負面的感受，種下更多痛苦的種子。因此，欣賞他人的快樂和善行是非常重要的。

第七章　痛苦的根源

本論下一個部分的重點是，我們需要辨認對「自我」這個想法的強烈執著，乃是痛苦之因。為了消融或去除這種執著，我們要了解：

當令人厭惡的事物來到你的面前，
或當你只是希望去除痛苦時，
你必須了解，
這些正是我們必須盡除痛苦之因（不善行）的明證。
你要集合四力，
攻擊那肇事者：我執。

如先前偈頌所解釋的，痛苦不是隨機出現，也不是由外在的「神」或「惡魔」加諸在我們身上。痛苦純粹是我們過去行為的結果。因此，若要解除痛苦，預防它再度生起，我們必須檢視它的根本原因，即不善的念頭和不善的行為。

我們必須辨認痛苦，並且斬斷痛苦的根源。這些能夠轉化不善行為的「四力」是什麼？第一力是悔恨力（power of regret），或生起這樣的覺察：更明智的做法是不沈溺於引起痛苦的行為、語言和念頭。悔恨讓我們獲得教訓；它不像罪惡感讓我們軟弱無力。由於悔恨，我們了解到自己是如何透過以我執為基礎的煩惱，為他人和自己製造痛苦。無明是我

執的根源。這種悔恨是明晰的，它分析痛苦之因，其作用有如一種療法。

　　第二力是支持力（power of a support，依止力），有助於改正我們錯誤的行徑。佛和上師是這種轉化的非凡支柱。第三力是對治力（power of antidote）。在這個情況下，對治是一種清淨的法門，例如金剛薩埵修行法門。對治也包括從事善行和發露懺悔。第四力是決斷力（power of firm determination），即決心避免更多不善的行為和念頭。

> 所有墮落和過患
> 是無量眾生痛苦之因、緣與結果。
> 祈願這所有的墮落和過患
> 在你身上成熟，
> 並願一切眾生離於
> 自身惡業所造成的痛苦。

　　痛苦有其正面之處；它提醒我們因果業報的法則。它也是增長我們悲心的觸媒。它提供我們一個機會，讓我們用自己的快樂來交換他人的痛苦。我們可以立下願望：「讓我們善用這個痛苦。願他人的痛苦都藉由我的痛苦而獲得紓解。願一切眾生離於痛苦，享受快樂。」

> 尤其當任何一種五毒

或世間八法生起時，
要以心的清新當下逮住它們。

　　諸如貪、瞋、慢等煩惱會毒害我們的心，也會摧毀我們
可能體驗的任何快樂。這些煩惱是我們全神貫注於世間八法
的起因。利、衰、苦、樂、毀、譽、稱、譏等世間八法使我
們在希望與恐懼、懷疑與猶豫之間掙扎。這世間八法和煩惱
已經如此長久地控制我們的念頭。此時是尋找「心的清新當
下」的時機。

　　但是首先，我們必須認清這些煩惱。在你家中卻沒被你
注意到的小偷，會持續偷盜你的財物。一旦你覺察到小偷的
存在，小偷就比較難再進行偷竊。同樣的，用正念和警覺來
認清具毀滅性的心理因素或情緒，使你能夠在這些心理因素
或情緒生起時逮住它們。你早點逮住它們，你就比較不會被
它們牽著鼻子走。

　　「用正念攫住情緒，」頂果‧欽哲仁波切曾經說道，「在
心之城門持著觀照之矛，並宣明：『如果你，障蔽的情緒這個
敵人強力出現，我將提高警覺。唯有你消失，我才會鬆懈警
戒』。」

以修心來消除我執，
回憶那些你曾犯錯的一切時刻。
首先，思量所有的障蔽情緒，

和以眾生與諸法為實有的見解，

這為一切平凡眾生和佛法修行者製造了障礙，

使他們無法生起更崇高的志向，

同時也帶來困難與逆境。

接著，聚集所有的障礙、困難與逆境，

隨著你的吸氣融攝入你的我執之中，

並且摧毀這詛咒本身。

把這一切集中在一點，

用強大的決心、對治解藥

和能防止我執的禪修

來根除我執。

　　我執是五種障蔽情緒（五毒）、世間八法和所有煩惱的源頭。所有佛法修行的目的，即在於摧毀我執的詛咒。

　　一旦我們清楚辨識問題的真正根源，我們應該下定強大的決心，立即加以根除。你或許認為，把一切歸咎於我執是過度單純化了。雖然事情看起來這麼簡單，但我執確實「是」所有問題的根源。這是一切修行的重點。

　　我們可以運用一種特定的修行法門，幫助我們駕馭自負的感覺。首先，聚集所有的障礙、困難和逆境，並且隨著呼吸吸入。讓它們向砲彈一樣撞擊自負的感覺，直到我執粉碎為止。接著，享受從我執監獄中釋放出來的自在和輕盈。

此即修行的動力。
它看似微不足道，卻非常重要，
並帶來修道上最大的進展。
此即相對的修心。

如果你專注於消融我執，你將在修道上大幅進展。此即修持相對菩提心或「相對修心」（relative mind training）的精要。

要生起真正的慈悲，以讓你的心充滿無量慈愛。這種感受不應該是短暫而淺薄的，而是你一切行為的動機所在。你要有勇氣立下這樣的誓願：竭盡全力去獲致證悟，以使無量眾生從痛苦中解脫。寂天菩薩在《入菩薩行論》[9]中寫道：

既然話說，
「連想要治療一個眾生最輕微的頭痛，
都具有無量之善德，
那麼想要去除一切有情眾生的所有痛苦，
會有什麼樣的善德？」

---

9 寂天菩薩的《入菩薩行論》已由蓮師翻譯小組翻譯，香巴拉出版社出版。

第八章　究竟菩提心的修學次第

究竟菩提心是這個教法第二主要部分的主題。菩提心有相對菩提心和究竟菩提心兩個面向。在根本上，這兩個面向不是分別獨立的本體，而是理解和了悟的兩個面向，彼此相輔相成，如同鳥之雙翼讓飛行成為可能。

一切有情眾生都想要離於痛苦，獲得安樂。然而，一切眾生卻對如何達成他們的目標感到迷惑。諷刺的是，他們的行為常常與他們的想望相互牴觸，在摧毀獲得快樂的所有機會之同時，不斷地延續痛苦。一旦我們了悟這種人間的狀況，自然而甚深的悲心就會在心中生起。

然而，僅僅擁有這種悲心的感受是不夠的。我們實際上需要「採取行動」來利益他人。去除痛苦真正原因——無明，這乃是利益他人的最上方式。為了做到這一點，我們必須朝著證悟的方向前進。而為了朝證悟的方向前進，我們需要對勝義諦（究竟真理）有甚深的了解。

究竟菩提心

一旦你熟悉這個，
便生起究竟菩提心。

有三種知識最終能幫助我們了解究竟菩提心：聽聞或學

習的知識；深刻思量所學所聞而產生的知識；由禪修或以覺受來熟悉所聞所思而獲得的知識。藉由——進展這三種知識，我們將透過直接的覺受體驗而洞察菩提心的究竟面向。我們將更加熟悉心這個內在現象的自性，以及顯象這個外在現象的自性。

我們傾向把事物視為討喜的、討厭的或中性的，而無明則是這種強烈習氣的根源。我們對美醜的判斷，使我們直接用這些特徵來區分外境。我們開始有所分別，接受我們喜歡的事物，排拒我們不喜歡的事物。

> 所有可辨識的顯象，包括內在和外在的現象，
> 皆如夢如幻——
> 過去它們不存在，
> 未來它們也不會存在，
> 在此之間，它們透過一連串緣起而顯現。

溺水或被火焰吞噬的夢境，可能非常栩栩如生而嚇人。當我們夢到這種景象時，我們無法明白夢境並非真實。只有當我們醒來，我們才會了解，它只不過是自心的顯現。我們一般把現象視為討喜或討厭的方式，與做夢非常類似。

顯象如同夢境，缺乏任何本具的存在。不論顯象維持多久的時間，它們從無中生起，也不留痕跡。如果顯象缺乏本具的存在，那麼它們如何能顯現？事實上，它們能夠以無限

種方式顯現，如同一場夢境或一道彩虹，唯有透過眾多因素的短暫結合才能夠顯現。這些因素之所以能夠精準地聚合在一起，乃是因為它們不是自發地存在，不具有一個永恆的實體。沒有現象可以獨立存在，沒有現象擁有堅實的存在。當我們習慣把現象視為如夢似幻時，顯象將變得較為清澈透明，也較不那麼堅實。

> 現象雖然顯現，
> 但從最初始以來，就缺乏真實的存在；
> 現象原本就缺乏本質，
> 現象也不存留。
> 現象是三身與智慧的展現，
> 其究竟自性從未改變：
> 過去沒有改變，未來也不會改變。

現象世界正如一場夢。現象看似堅實，但是它們也如同它們所顯現的方式一樣從不存在。在現象看似如此的方式背後，並無堅實的實體；從一開始，它們就缺乏本具的存在。在現象世界之中，除了如動態流水般不斷改變、相互依存的關係之外，別無一物。

我們可以用兩種方式來觀看現象。第一個方法是「不淨」觀。不淨觀是一種迷妄的觀看方式，即把一切視為堅實且具有本來的特質。第二種方式是認清所有現象不變之空性。

　　現象是「三身與智慧」的一個展現。三身（kayas）是成佛的不同面向，即化現的、細微的和究竟的面向。當心不迷妄的時候，智慧是心的自然狀態。不論現象顯現與否，究竟自性從未改變。究竟自性不是空無現象，而是現象的真正自性。

　　由於不明白這一點，
　　幼稚的有情眾生視現象為堅實；
　　因此開始一連串的愛與憎，
　　以及輪迴的巨苦——這場不存在的化妝舞會！

　　如果我們認清現象不變而究竟的自性，我們也將認清現象是無實質的。事物顯現，然而它們卻是空虛的；事物是空虛的，然而它們顯現。「空性」（emptiness）不是沒有現象，現象不是沒有「空性」。相反的，這其中有「顯」與「空」之雙運。只要稍微了解，事物不如它們所顯現的模樣，就已經朝「看清事物之真正自性」跨出了一大步。

　　在我們了解這一點之前，我們如同天真的小孩，容易受到顯象的愚弄。在我們的迷妄之中，我們視現象世界為堅固而真實。我們沒有看清，現象只不過是智慧與空性的展現。我們把現象具體化，因而開啟了一連串永無止境的愛與憎，進而製造了渴求和欲望。把現象具體化的這個錯誤，製造了永無止境的輪迴。事實上，輪迴的一切痛苦只不過是「一場

不存在的化妝舞會」。

> 無明和「視眾生與現象為實有」
> 是強大的根；
> 當這些成為習慣，
> 輪迴就生起。

我們有這種習慣：無知地誤解現象世界是堅實的。這種習慣使我們執著於實有，此即輪迴的真正根源。我們愈執著，現象似乎愈堅實。這種老習慣難以去除。我們對實有的執著，如同一張捲繞了長時間的老羊皮紙。當我們試圖把這張羊皮紙攤平時，它立刻捲繞起來。經過一段時間之後，這張羊皮紙才可被攤平。相同的，我們需要時間讓自己跳脫「強烈執著於實有」的糾纏。

我們需要一再省思和探究自我與現象的自性。漸漸地，我們將獲得這種了解。

> 遵循佛經和上師的口訣教導，
> 具順緣而立志解脫的眾生，
> 首先必須讓自己熟悉
> 眾生與現象不存在之理。

為了驅除我們尋常的迷妄，我們應該遵循正統的佛經，

依止具格上師的口訣教導，並且努力把它們付諸實修。結合佛經與口訣教導這兩個面向是重要的。佛經是以佛陀及其追隨者的甚深理解為基礎之正統論證與知識。上師甚深的口訣教導是以覺受為基礎。上師的協助可以幫助我們對佛經所實際陳述的教法有直接的覺受。

辨識執著的對境

> 執著「自我真實存在」的這個想法，
> 是把「我」念當做一個真實的本體。
> 這是因為誤解了
> 那易腐壞消亡的五蘊。

「我」是五蘊的短暫聚合。這不同的五蘊構成我們的身心系統。我們錯誤地把身與心的聚合——即色、受、想、行、識等五蘊的集合——視為自我。在本質上，五蘊是多元而短暫的。然而，我們創造了「自我」這個觀念，並且認為「自我」是一元且永恆的。我執是我們添加在五蘊之上的一個區分「我」之概念。

> 如果人們適當地檢視
> 這五蘊的集合，
> 它們如同閃電、瀑布或油燈般

合成而無常，

就好像錯把繩索當做蛇，

人們看清自我只不過是一個錯誤的見解：

自我不存在，並且缺乏本具的實體。

　　我們需要解構這個「自我」的想法。當我們說「我」或「自我」時，我們想到一個永久而一元的本體。但事實上，「我」只是五蘊的集合，而這五蘊如瀑布或油燈之火般短暫，而且每個剎那都在改變。瀑布看起來連續不斷，但事實上，瀑布是由不斷改變、流動的水滴所構成。同樣的，油燈之火只不過是連續閃爍的剎那，而沒有永恆的火焰。

　　檢視和分析我們的覺知是重要的。在黑暗中，我們可能輕易地把一圈盤繞的繩索誤以為是一條蛇，而感到驚恐。但經過檢視之後，我們發現那裡從來就沒有蛇。我們感受到的所有恐懼和憂慮，源自我們把繩索當做蛇的錯誤覺知。一旦我們認識到自身的錯誤，了解到什麼事也沒有發生，我們的恐懼便消失了。我們害怕蛇，但是體驗那種恐懼並不會把繩索變成蛇。同樣的，如果我們適當地檢視「自我」，我們將會發現，「自我」並非真實存在。我們沒有去除任何事物；「自我」原本就不存在！「自我」什麼也不是，只不過是一個錯誤的覺知。

　　當我們說：「某某人推我」，這表示我們把自己和身體連結在一起。當我們說：「我難過」，我們是在把「我」和心連

結在一起。這是兩個不同的位置（locations，定點）。因此，「我」在哪裡？身體裡面有一個特定的「我」嗎？既然我們無法找到「我」，所以通常會把「我」和某種心理或身體的覺受結合在一起。

那種覺受究竟是什麼？過去的念頭已經逝去，未來的念頭尚未生起。心識之流只不過是當下剎那的相續。因此，怎麼會有任何事物是永恆的？當這些剎那消失時，怎麼會有任何事物是存在的？

只要我們不相信「我」所指稱的是一個永久的本體，「我」的感受就是自然的。心識的相續之流是一個不斷變動的過程，而把這相續之流貼上「我」的標籤是正當的。這個不斷變動的過程有其特徵和自己的歷史。這過程和把它與另一個身體相連的過程是不同的。我們可以稱它為「我」，只要我們明白「我」只是一個名稱，一個標籤。這如同人們根據河流的特徵，而使用一個名稱來稱呼一條河流。但是如我們在稍早偈頌所提及的，我們了解河流是一個不斷變化的現象。沒有人會認為，如果我們叫喚「亞馬遜」，一個小頭會從亞馬遜河冒出來說：「那是我，我是亞馬遜。」因此同樣的，沒有「我」在心識之流中游泳。

同樣的，「我的」這個觀念也只是一個標籤。讓我們檢視，把現象貼上「我的」這個標籤如何轉化我們感知事物的方式。想像你正從店面櫥窗看著一只美麗而昂貴的花瓶。接著，一隻貓弄倒花瓶，花瓶裂成碎片。你想：「多可惜，那麼

精美的花瓶。」接著你繼續散步。現在想像一個朋友送你一只昂貴的花瓶。你把花瓶放在壁爐台上，你的貓把花瓶踢翻了。你說：「喔，糟糕，我的花瓶破了！」僅僅因為你把花瓶貼上「我的」這個標籤，花瓶破碎就變成一場災難。標籤讓事情變得大大不同。

　　因此，時時記得個人的「無我」是重要的。

確立內在與外在現象之空性

　　　　執著於現象真實存在，
　　　　即是執著於主體與客體的見解。
　　　　人們所覺察的一切對境，內在與外在的現象，
　　　　都是源於串習的如幻顯象。

　　　　如同視覺錯亂，
　　　　如同水中月影，且如同錯誤的覺知，
　　　　若不檢視，我們視其為理所當然；
　　　　若去檢視，它們就什麼也無。

　　如同我們斷定自己個人的本體並無真實存在的自性，我們也必須檢視外在現象的自性，以決定外在現象是否也是空虛的。當現象顯現時，我們的串習使我們接受現象所顯現的模樣。由於我們沒有分析現象，因此世界看起來是堅實的。

藉由仔細地檢視外在現象，例如一座房屋或一張桌子，我們發現它們也沒有本具的存在。房屋是由零件所合成，而這些零件是由原子所組成。但是，在我們適當地分析原子之後發現，不論原子有多小，沒有一個分子真實存在。藉由如此檢視，我們將會發現每件事物都不具本體。

現象的顯現與空性無可分割。「顯」與「空」之間的交互作用如同水中月影。如果我們認為月亮真的在水裡，那就是一個錯誤的覺知。月影顯現在水中，但水中卻沒有實在的月亮。

顯空雙運的重點在於，空不是沒有現象，而是空乃現象的真正自性。這是事物之所以能以那麼多種不同方式顯現的原因。事物顯現，但是它們缺乏本具的實體。顯空之不可分割（無二無別），乃是描述實相最重要且直接的方式。

如同原子和剎那一般，
現象並非可下定義的本體。
因此，你必須斷定，
主體與客體絕無存在的可能。

所有現象都不斷變化。它們從來不會保持不變，即使連一剎那也不會。然而在我們扭曲的覺知之中，我們並未注意到現象不斷出現的微小轉化。因此，我們必須斷定，外境和覺知外境的執取心都沒有固定而本具的存在。

藉由不斷轉動檢視之輪，

你將相信

眾生與現象皆不存在，

未來時機到臨，

你將確信二諦：

依緣事件的如幻生起

和離於一切假說的空性，

不相牴觸，反而在本質上為一。

你要分析並檢視「自我」和現象，直到你確信它們自性本空。當你真的如此相信時，你將完全了解二諦在本質上為一。不像母牛的兩隻角，二諦不是兩件分別的事物。勝義諦是一切現象的究竟自性，世俗諦是一切現象的顯現方式。凡俗迷妄的心認為，事物的看似如此和它們的真正自性有所不同。但是當你到達旅程終點，你將直接覺察現象之究竟自性；在這究竟自性之中，顯象與實相之間的一切差異都消失了。

噶當派的大師們說道：「即使你尚未完全了解空性，但只要你對現象的堅實性生起真正的疑慮，這種念頭就能夠使輪迴的迷妄化為塵煙。」

當我在洛杉磯的時候，我參觀了一個電影製片廠，看見它們的佈景。每一件事物，包括房屋、街道等等，從前面看起來如此真實。但是當我走到佈景後面，我什麼也沒看到。這些佈景是空虛的。我們參觀一個醫院佈景，看見醫生和護

士走來走去，彷彿那是一座真正的醫院。當時我身穿袈裟，一個演員走過來對我說：「你是真的嗎？」現在當我看電影的時候，我總是記得佈景後面根本什麼也沒有，因此在情感上也不會那麼的投入。

當主張顯空有別的一切成見都崩解時，
探究就結束了。
那個時候，
概念的推理還有什麼用處？

藉由徹底的探究，我們確信眾生和現象都缺乏本具的自我（「人無我」和「法無我」）。這將使我們了解，現象乃是透過緣起而顯現。如同一場夢或一個海市蜃樓，它們之所以顯現，乃是無數因與緣之間複雜關係的結果。它們全非真實存在。

一旦我們確信顯空之無二無別，我們將不再執著於主體與客體的想法。到了那個時候，我們將不再需要進一步的分析和概念的探究。

對空性的錯誤見解

空性是所有見地的對治解藥，
但是如果人們執著於空性的概念，

那麼就像瀉藥變成毒藥一般，
空性將毫無用處。

執著於空性的概念，有可能相當危險。舉例來說，想像
你生病了，而且只有一種療法能夠治療你的疾病。如果你沒
有正確地遵循處方，疾病將會惡化，你將糟蹋了治癒的唯一
機會。空性是我們錯誤執著於現象真實性的最佳藥劑。但是
如果你執著於空性的概念，空性將不再是一種療法，不再具
有利益，你將失去治癒的機會。

如同相互摩擦的兩根棍棒，
被它們自己所生的火焰燒毀，
對治解藥本身必須自行消失。

一旦我們摩擦兩根棍棒而生起火之後，這兩根棍棒就沒
有進一步的用途了。同樣的，我們運用空性來調伏執著，然
後安住在空性的真正自性之中。藉由不造作地安住於空性的
真正自性，你將見到從一開始就在那裡、離於對境和參考點
的究竟自性。

第九章　大圓滿

放鬆於本初離戲（primordial simplicity）的相續中，
這種本初離戲即是從最初即保有的究竟自性，
這種自然狀態，是具有解脫三門的廣袤虛空：
空性、無特性和無意圖。

空性的自然狀態具有「通往解脫之三門」。此解脫三門分別是：（一）它的本質或自性是空，（二）它的起因離於心之造作或約定俗成的特性，（三）它的果不是要去獲得的「某件事物」，而是一種要去實證的智慧狀態。我們應該安住、不造作、放鬆於這種狀態之中。

於是你將看見光燦的佛性，
在佛性之中，
一切心之造作和活動都在究竟廣空中寂靜。

當我們圓滿了悟空性的意義之後，被稱為心的本體及所有心之活動和戲論（elaborations）都將自然而然地平息。所有分別概念的寂滅，即是法身。無明、無明的迷妄，以及無明所造成的心之造作，都必須寂滅，這種超越概念的智慧才能被安立。當這些造作都消失在究竟廣空之中時，就能了悟心之本質。

顯空雙運

空為自性，它離於常見；
明為展現，它離於斷見。
雖人因此以為有空明兩個面向，
而它就是基本的自性，在其之中，
一切分別覺知的想法在它們自己的空間中即得解脫：
不可思議、難以言說，只能透過智慧來理解。

佛性其自性為空，其展現為明。佛性是一種了悟的狀態，而不是本來就具有實體的本體。它離於「存在」與「不存在」的概念。它不是一個永恆的本體。藉由認清這一點，我們將不會落入永恆主義（eternalism）（常見）的錯誤見解之中。

「空為自性」不表示佛性是一個完全的空虛或空無。「明為展現」，乃是因為佛性展現為無量的證悟功德。藉由了解佛性這種明的面向，我們免除了落入虛無主義（斷見）這種極端見解的危險。

佛性的自性空而明，且為一。顯與空毫不牴觸地一起出現。這種大平等是無法形述的。在這種大平等之中，沒有分別的概念。我們無法用凡俗的智識來體驗這種大平等，唯有透過自生覺性的智慧才能夠體驗。

自性為非合成的，

不由觀看而得見，

如同直視金剛虛空，

稱之為「見到究竟的虛空」。

當我們看著天空時，我們說我們看見虛空，但事實上，我們什麼也沒看到。看見究竟自性是一種觀看的方式；這種觀看的方式沒有所見、見者及看見這個動作的區別。這種不可思議的智慧是非和合的。它如同「金剛虛空」——即離於所見和見者比純然覺性之廣空。「不由觀看而得見」表示你已經認清了究竟自性。

沒有什麼要去除的事物，

也不必添加絲毫的事物。

圓滿地注視圓滿本身，

觀見圓滿者即獲圓滿解脫。

我們不需從如來藏（佛性）之中去除任何事物，也不需要添加任何事物。沒有什麼事物會毀壞如來藏，正如雲朵不會改變太陽的真正光亮。情緒的障蔽如同外部的帳幕，從未滲透或毀壞本初圓滿而不變的佛性。佛性自然而真如地純然安住。不帶著二元執著地（「圓滿地」）注視著佛性（「圓滿本身」），你將「獲得解脫」。

當有形和無形的事物
不再存留於心中，
沒有其他的取代物，
了無一切概念，此即全然的寂靜。

一旦你真的感知有形和無形的事物都不真實存在，你將離於任何參考點，也不再執著於實相。你的心將獲得圓滿的寂靜，不再受二元分立的覺知所撕裂。

若不知道這個重點，
而用心之造作來痛苦地釘住你的心，
這不是止；
建構智識的藩籬，這不是觀。

這個偈頌引述自《入菩薩行論》第九品。奢摩他（shamata，即「止」）的修行是用來使心穩定而明澈。我們目前的心如同一壺滾水般激動不安、沸泡四起，且不停打轉。為了瞥見心的真正自性，我們常常需先平靜難以駕馭的念頭，使心更加寧靜。

為了看見湖底，我們就得不再攪動底下的泥巴。因此，我們也得讓狂野散漫的念頭泥巴安頓下來。當狂野散漫的念頭安頓下來之後，心將自然而然地變得明澈。那時，我們將能夠觀見心的深處，覺知心的真正自性。

藉由修「止」來引導我們趨近那不可思議的自性，稱之為「觀」（毘婆奢那）。「觀」是「止」自然而必要的互補。

然而，在禪修期間，為了不讓心徘徊遊蕩，有時候修行者會試著強迫壓制念頭，或製造一種矯揉假造的平靜感。這不是「止」。藉由單單阻斷心而想來造作空性的性質，這是錯誤的，會輕易地使修行者進入一種昏沉遲鈍的狀態。我們應該體驗顯空雙運。在這麼做的時候，不論念頭生起與否，我們都能領悟一直存在的純然覺性。

圓滿地觀見不可思議的究竟自性，
不帶任何智識的造作，
乃純然智慧的範例。

我們也許從一場教法開示或具格上師的直指教導，而對這個究竟自性有個觀念。這個觀念像是能指著什麼東西的範例，但卻非這個東西的本身。這是何以雪謙·嘉察提及「純然智慧的範例」——和智慧相和的某個東西，但非智慧本身。一旦上師指出心的真正自性，下一個步驟即是安住在平等捨之中，並且把這種了解融合為我們的一部分，如此這種了解才會成為真正的了悟。直到我們對離心造作的究竟自性有了直接的覺受現證，我們才會了悟純然智慧的本身。

止觀雙運

超越此者，乃無上究竟的智慧──
是已達合一境界的聖者
所了悟的內涵，
合一乃洞察（觀）的本初雙運之義──
它能帶來安住於自然相續的智慧和平靜，
以上可由上師口訣教導的力量而證得。

止觀雙運，是指修行者在對心的真正自性有更深刻的洞悉時，安住在離於散漫和昏沈遲鈍的寧靜心態之中。

為能了悟這種無二止觀的智慧，修行者必須依止上師的口訣教導。這年頭，人們試圖依照所閱讀書籍的教導來從事禪修。然而，從書籍獲得的知識或許有用，但卻無法讓你獲得圓滿智慧。僅僅閱讀教導的譯文，或聆聽教法的錄音帶是不夠的。但是如果你對上師具有虔敬心，並且在過去曾經造過或念過祈願文，那麼你將透過上師的教導而了悟究竟自性。

禪修覺受被事物真實存在的見解所染污，
無論是大樂、明晰或無念，
全都是騙人而誤導的。
如果你執著事物為真實，你就是在餵養輪迴，
你將永遠不會超越三界。

　　試著不要執著於各種可能生起的禪修覺受，例如大樂、遍在明性的感覺或離於念頭的狀態。這些覺受自然會出現，但是如果你執著於這些覺受，它們會使你投生輪迴三界。如果你執著大樂覺受為真實，你將投生欲界；執著於明性，你將投生色界；執著於無念，你將投生無色界。相反的，你要努力讓自己從輪迴中完全解脫，不要只尋求短暫的快樂和大樂。

　　　因此，運用熟練的技巧，
　　　安住於離戲之中，讓一切如是
　　　處於不把事物視為真實的狀態中，
　　　於此，了悟者、所了悟及了悟
　　　皆成為無二無別，如同把水倒入水中。

　　　此乃超越語言和智識的根本自性
　　　即是了義，般若智慧，
　　　只能透過人們自身的覺性而了悟。
　　　要下定決心掌握此一領會！

　　如果你不執著於禪修的覺受，並且能依照上師的教導，毫不造作、善巧而自然地安住，那麼你將體驗到觀見的心和被觀見者為一。「讓一切如是」不代表你要強迫自己心滿意足。如果是這樣，那就是個二元分立的概念。相反的，你要

安住在離於造作的離戲（Simplicity）狀態之中。

如此一來，被了悟者和了悟本身將融合為一，如同把水倒入水中。「觀見者」、「被觀見者」和「觀見」雖然被區分為三，但是在心的真正自性之中，這三者是不可分割的。純然而直接的覺性，是了解這無法表達之自性的唯一方法。這無法表達的自性，即是「般若智慧」。

確立究竟見地與禪修

簡而言之，如怙主阿底峽所說，
「在勝義中，沒有分別；
既沒有受制約的現象，也沒有究竟的現象。
在空性的面前，完全沒有分別。」

「不由了悟而得證，
單純被稱為『觀見空性』，
觀見無法被觀見者。
最甚深的佛經如是說道。
無所見，無見者，
無始，無終，
寂靜。」

「完全超越『真在彼處』和『非真在彼』，

離於分類和參考點，
它不滅，也不住，
從未來，從未去。
它無法用文字形述。」

「它無法被表達；它無法被觀看；
它從未改變，從未存在為一個堅固實體。
了悟這一點的瑜伽士，
去除了二障：
煩惱障和所知障。」
阿底峽尊者在《入二諦》中如是說道。

在以上的引言中，阿底峽尊者解釋世俗諦和勝義諦之間沒有本質上的區別，同樣的，在現象和現象的真正內在自性之間，也沒有真正的差異。在空性的自性之中，無可區分。

我們無法透過概念來理解究竟實相。然而，我們可藉超越凡俗概念心的方式來覺受，而真實了解實相乃顯空之雙運。

有兩種「帳幕」遮蔽我們的真正自性。「煩惱障」是由貪、瞋、疑等煩惱所構成。這些煩惱是我們在輪迴中受苦的直接原因。第二種障蔽是「所知障」，遮蔽我們對現象真正自性和我們自心真正自性的了解。我們執著地相信現象世界和個人自我真實存在，因而形成了所知障。所知障比煩惱障

更細微，也更難去除。

　　一位瑜伽士依止上師的教導，分析他的心，了悟心的究竟自性，他將觀見「無法被觀見者」。這「無法被觀見者」即事物的真正自性。這樣的一位瑜伽士了無所知障和煩惱障。

大圓滿與虔敬心

　　　　了悟勝義諦的八種功德，

　　　　佛經中曾闡釋，

　　　　透過上師的加持

　　　　而直接傳授指出心的真正自性，

　　　　如此，這八種功德將自然在大圓滿中依序出現。

　　《般若波羅密多經》[10] 解釋：「了悟勝義諦的八種品質（功德）」將自然而然地隨著證得大圓滿而出現。弟子必須精進不懈，具備虔敬，持守戒律，並在已證悟且慈悲的上師引導下從事修行，才能夠證得大圓滿。

　　　　這不在凡庸心的範疇之內，

　　　　那些充滿散漫念頭的人，

10《般若波羅密多經》屬於佛陀二轉法輪的教法，詳細說明了現象的空性。

無法嘗到它的滋味。

因此有這麼一句話：

「唯有透過信心，

才能了悟自生勝義諦。」

　　為了體驗大圓滿，不只需要培養智識的了解或研究眾多的法本與書籍。我們必須對真正的上師具有虔敬心和深刻的信心，才能夠獲得這種了悟。當一位真正了悟的上師和一位視上師為佛陀本身的弟子相結合時，才會真的有了悟心之自性的傳授。當這樣的上師和這樣的弟子相遇，並且因緣具足，心之真正自性的傳授才會發生。

　　上師與弟子之間的直接傳授，不一定需要繁複的文字和詳細的教導。這樣的範例可見於許多偉大上師的生平事蹟之中。有一次，巴楚仁波切和長時間跟隨他的親近弟子紐殊‧龍拓（Nyoshul Lungtok）在一起。那天夜晚，他們兩人躺在位於西藏東部卓千寺上方的草原上。巴楚仁波切問他的弟子：「龍拓，你明白心的自性嗎？」龍拓回答：「不盡然。」接著巴楚仁波切說：「你看到在天上閃亮的星辰嗎？」龍拓說：「看到了。」「你可以聽到下面卓千寺附近的狗吠聲嗎？」「可以。」然後巴楚仁波切問道：「那麼心的自性呢？」在那個時刻，龍拓了解了心的究竟自性。上師與弟子之間的清淨緣份，能夠使這樣的事情發生，因此請努力生起圓滿的虔敬心。

因此，緊握著虔敬心的生命力，
這種虔敬心視上師為法身；
安住在不間斷的純然離戲之中，
你將了悟其精義。

　　沒有虔敬心，你便無法獲得修行的成就。以功德與成就
而言，你的上師與佛無異。但是在這個時刻，你的上師正在
幫助你，因此他甚至比過去一切諸佛更加仁慈。

　　從相對的、世俗的觀點來看，上師以人之身相顯現，轉
動法輪，示現修道。你要對上師生起不變的信心，把你的心
和上師的心相融合。藉由安住在這種狀態之中，維持自然的
覺性之流——毫無造作的圓滿離戲，你將了悟心之真正自
性。你的心將和上師的心結合為一。在那個時候，從究竟
的、勝義的觀點來看，你將視上師為法身，此法身即大平等
的狀態。

第十章　偏離見地

如果你錯失重點，
並且沾沾自喜地相信你沒有誤入邪魔外道，
或聲稱你不做任何確立，
或執著空性為空無一物，
那不是中觀。

如果你無法摧毀
對唯物觀點的心智執著，
你就更加偏離中觀。

中觀（Middle Way）是了悟大圓滿見地所不可或缺的基礎。中觀離於虛無主義和唯物主義兩個極端。中觀不執著空性和現象為堅實。如果空性意味著你只要盡除所有的念頭和現象，不留任何空間讓智慧的明性閃耀，那就不是真正的中觀。

如果你尚未完全了悟空性的本性，僅只精於空談，那麼你即尚未圓滿了悟中觀。必須有覺性和智慧兩者。只談論空性，你將不會在自身的覺受中親證這個見地。

因此，要滋養那離於執著和一切心之造作的自在。
所謂的大禪修者若未了悟這一點，

而害怕他們的修持將會挨餓到自斷生路，
他們這是在努力折磨自己。
這有什麼意義？

　智識的探究可能會永無止境且徒勞無益，如同一隻小鳥
飛離汪洋中的一艘船，企圖去尋找天空的界限。天空如此廣
大浩瀚，那隻鳥將疲憊不堪，別無選擇地返回船隻，無法完
成它的目標。同樣的，我們將無法找到心之造作的終點。
　話說，「如果沒有執著，就沒有見地。」一旦我們瞥見究
竟自性並不再執著，我們就能夠沒有任何恐懼或困難地飛越
輪迴這個娑婆世界。

　追蹤念頭的來去
　哪有什麼意義？
　「覺醒的覺性超越心識，」
　「法身超越根本識，」
　「離於受制約的智識。」
　我遺憾地說，
　凡俗眾生對這一切確是聞所未聞，
　而此意涵仍未被開啟。
　但是我不會多說。

　一切眾生都具有如來藏，

因此一切眾生都具有成佛之因。

因此，視一切眾生為清淨，

並且思量一切眾生之大慈。

　　修行者若不斷努力計算念頭般的咒語數量，然而卻未了悟顯空雙運，便是錯失了重點。光是覺察念頭的生起和寂滅，也不會讓修行者有太大的進步。光是重複他們所閱讀、所聽聞的理論，或努力以概念去理解這些理論，將不會讓修行者獲得真正的了解。這樣的方式無法正確了悟超越智識和概念的事物。雪謙‧嘉察說，他將「不會多說」，因為他並非在撰寫一部哲學論著。相反的，雪謙‧嘉察試圖傳達他自身的深刻覺受，讓他人明瞭要如何獲得這種覺受。

　　你要尋找真正的上師，學習做個優秀的弟子，最重要的是，你要把上師的教導付諸實修。重點是，不要只黏在上師身邊，而是要達到真正的轉化，改變你的態度，成為一個更好的人。如果你追逐各種上師，修持這個和那個，而沒有立下任何誓願，那麼你將永遠不會直接處理你的煩惱，你的煩惱甚至可能更加囂張。佛法是自我轉化的教法，而非只是消遣娛樂。

　　怠惰是修道上最大的陷阱之一。一旦教法不再充滿於我們的覺性之中，佛法將不會如預期地「發揮作用」。西藏人用奶油搓揉僵硬的獸皮，使其變得柔軟。一些獸皮即使不斷地接觸奶油，但仍然僵硬。如果我們變得沾沾自喜，不真心

去努力改變，我們也將變得「愈來愈僵硬」，直到我們排拒任何可能聽聞到的教法。

　　要於每個覺受之中看見佛法。一切有情眾生都具有佛性——即如來藏，都具有成佛之因。懷著偉大的善心、溫暖和慈心來看待有情眾生。當我們學習而能看待其他眾生為清淨時，我們便會在修道上前進，並且培養慈心、忍辱與悲心。有情眾生提供我們成佛所必須的資糧。

第十一章　座下瑜伽：六波羅密

在每座修法之間隔，
生起佈施波羅密及其他波羅密，
了無三種概念。

在座上修法期間，試著確立心的自性。在各座修法之間隔，不要偏離落入慣常。相反的，我們要發展六波羅密或六度。六波羅密是「超越的」（度），離於三種概念（三輪體空），因此幫助我們創造福德與智慧。這三種概念分別是做者、受者與所做之行為本身。

讓我們以第一個波羅密「佈施」為例，看看這如何發揮作用。首先，安住在這樣的狀態中：離於執著「我」為佈施主體的想法。接著，放下對受施客體的一切執著。這受施客體是接受我們幫助的人，我們通常期待這個人有所感恩。最後，我們不應該對佈施這個行為本身有所執著。如果我們完全離於這三種概念，那麼我們就是在修持真正的或「超越的」佈施，能夠度我們到輪迴彼岸。

佈施波羅密有不同的種類。第一種佈施波羅密和佈施物質有關（財施），例如食物、衣服及其他必需品。在佈施時，佈施者懷著清淨的發心，沒有第二念、隱藏的議題或未表明的動機。更大的佈施是給予我們所擁有的一切，或放棄我們最珍愛的財物，或放下對最親愛的朋友或親人的執著。

超越上述層次的佈施，只適用於已經真正了悟空性意義的菩薩，其所能夠佈施的事物是沒有限制的。初地菩薩在為了利益其他眾生而要犧牲自己的四肢，甚至犧牲自己的性命時，不會有任何疑懼或猶豫。

第二種佈施是佈施佛法（法施）。這也分為各種不同的層次。我們可以佈施法本或資金，以便人們能研習或進入修道等等。為了使佛法教法廣傳，並因而利益一切眾生，這是最佳的佈施。偉大的上師在教導無數弟子時，所做的事情便是如此。

第三種佈施是給予保護而免於恐懼，協助病者和窮困者，保護陷入危險者，最重要的是保護生命（無畏施）。從事這種佈施的一個方法，是在動物被屠殺之前，購買動物，或在魚隻被捕捉之後，加以放生。

當然，任何一個佈施的行為都極為正面。然而，我們必須放下對「我」的強烈執著，或對佈施者、受施者和佈施行為本身的強烈執著，才是超越的佈施（佈施波羅密）。只有在這個時候，佈施才是「超越的」，才能夠幫助我們在證悟道上前進。

六波羅密的第二個是「持戒」，也分為三個面向。第一個面向是避免十不善業。第二個面向是懷著利他心，積極從事十善業。第三個面向是所作所為都是為了利益他人，因而為一切眾生創造不可思議的利益。

第三個波羅密是「忍辱」，即完全棄絕瞋怒和惡意。忍辱

波羅密也有三個主要的面向。第一個面向是，不論人們如何傷害、虐待我們，都不為所動。對於那些傷害、虐待我們的人，應該保持圓滿的包容和耐心，無論我們所受苦的是哪種惡意對待。第二個面向是用正面的心態來體驗痛苦，把痛苦用於修道之上，使我們有所進步，增長慈悲。偉大的噶當派上師說：「你的心應該轉向佛法；你的佛法修持應該朝著成為一位出離者的方向發展。做為一位出離者，你的生活應該專注於死亡的念頭。你的死亡應該就只在一個空蕩的洞穴中降臨。」把這種出離和決心視為一種喜悅，而不是一個艱難的負擔。

第三個面向是耐心面對修行的艱難困苦。我們在修道上所遭遇的任何事情，例如極熱或極寒，都不應該阻礙我們。我們需要擁有圓滿的忍辱和能力來忍受一切，而不感到沮喪不快。忍辱的究竟面向是無畏無懼地接受教法最甚深的意義。有些人光是想到空性，就感到痛苦或恐懼。我們不需要感到驚恐。事實上，為能了悟空性的意義，我們所需要的是無畏無懼地接受這種廣大的見地。

第四個波羅密是「精進」。在這個情況下，精進是努力朝著崇高目標前進的喜悅。第一種精進如同披上一面盔甲。你感受到一種強大的決心，不論外在情境如何，你將永遠懷著最大的決心和堅持，遵循過去偉大上師的典範。第二種是實行的精進（diligence of application），即把所有的力量用於佛法修行這個巨大的任務。不要覺得這個任務太艱難，或認為

你可以延後這個任務。相反的，你要在此時此刻決定進入修道，不會有任何拖延。

第三種精進是永不滿足的精進，也就是覺得自己做得永不足夠。當我們從事禪修或念誦咒語等活動，或積極利益他人一小段時間之後，我們常常想：「喔，這肯定足夠了。」我們不要懷有這種沾沾自喜的想法，反而要像一頭飢餓的犛牛。當犛牛吃草的時候，牠的眼睛不會看著牠正在吃的草，而是盯著更前面的草。同樣的，絕對不要覺得你做的已經足夠，且要總是尋找修行的新機會。不斷努力，直到你為一切眾生獲致證悟為止。請記住，生起穩定的禪定（三摩地）需要戒律。沒有戒律，你的禪修永遠不會進步。

第五個波羅密是「禪定」，梵文是 dhyana（譯音禪那，意為靜慮）。禪定波羅密有三種。第一種禪定波羅密帶領我們達到輕安、寧靜的狀態。第二種禪定波羅密是成就修行的品質。第三種禪定波羅密是直接利益他人。

我們需要避免修持禪定的特定障礙。第一個障礙是著迷於大樂、明光、明性、無念等修行的覺受。當這樣的情況發生時，我們有可能變得像個孩子看見許多色彩繽紛的事物，錯誤而深深被這些事物吸引。不要太看重這些禪修覺受。第二種障礙是執著於空性的覺受和空性的究竟意義。

一旦你克服這些陷阱，便安住在心之究竟自性的平等捨之中，超越散漫而充滿概念的念頭。這是善逝（sugatas）或那些已經了悟事物究竟自性者的真正禪定。

　　當你禪修時，你的心不應該太緊繃，也不應該太放鬆。緊繃束縛的心會製造大量的念頭，而使你分心。相反的，太放鬆的心易於陷入昏沈遲鈍，甚至陷入睡眠。你要避免太緊繃和太放鬆這兩種極端。不論你的心處於散亂的狀態或陷入昏沈，都要保持清晰的觀照。

　　你要持續且平衡地把心專注於禪修的對境。當然，念頭會生起，但試著不要太看重它們，只要讓它們自行消失即可。你的禪定應該專注於一境、持續不斷且明晰。每當禪修變得太鬆弛或太緊繃時，運用適當的對治法，你最終將發展出專注一境的禪定。

　　在修止時，你將經歷各種層次的覺受，最後獲得一個愈加平靜的心。剛開始，心難以駕馭且激動不安。掌控念頭的想法似乎和手握一條扭動的蛇一樣困難。當你試圖穩定自己的心時，它不斷朝四面八方奔跑。

　　一般來說，我們不注意心的狀態。事實上，我們沒有了解到，我們究竟有多少念頭。因此，當我們開始留意，試著靜坐時，我們或許會覺得念頭真的在增加。然而，念頭並非真的在增加，只不過是我們對念頭的覺察增長了。我們只是覺察到，一直以來，我們的心有多麼激動不安。這種心的狀態可以比擬為湍急的瀑布。

　　這個不安、迷妄的心會製造並延續所有的煩惱和痛苦。請生起強烈的決心來調伏這狂野不羈的心。如寂天菩薩在《入菩薩行論》所說的，「如果我們堅持不懈，並且透過修學

而變得善巧，那麼沒有什麼困難的任務無法變得輕易。」

當你平息這些狂野的念頭和粗重的情緒之後，你或許仍然會有如小瀑布般一個接一個而來的一連串念頭。這些念頭如一條快速流動的溪流，像小瀑布般沿著山坡流下。儘管如此，如果你堅持不懈地禪修，生起的念頭會愈來愈少，你的心將更平靜更專注。

事實上，仍然有許多細微、幾乎不可見的念頭在製造一種不斷的背景靜電噪音。想像你從遠處看著一條大河。河水看起來是靜止的。然而，當你走近河岸，你會看見河流時時刻刻都在穩定地流動。當你禪修時，如果發生這種情況，你需要堅持不懈的修學，以保持禪定，並使禪定的工夫有所進步。此即所謂的「熟稔」（familiarization，是「禪定」一字在藏文中的意義）。

當細微的念頭平息時，你證得「定」（steadiness）的次第。你將能夠專注於禪修的對境，沒有絲毫的散漫。這如同一片平靜的海洋，一般來說都是平靜無波，只有偶爾會因風而有所擾動。雖然在這個次第，你的心可以保持平靜的專注，沒有心的造作，但是噪音、生理的感官等等仍然會打擾這種寧靜感。如果你堅持不懈，證得圓滿的禪定，你的心將毫不費力地專注於你所選擇的任何對境，毫無困難、緊張或騷動。你的心將保持清楚而明晰的專注，沒有什麼事物會動搖心的平靜。這如同風無法撼動的一座巨山。

在你修學期間，可能會出現禪觀、大樂的感受等等各種

覺受。雖然這是你有所進步的徵兆，但是這些禪觀和大樂的
感受等等，仍然受到無明的染污，而不是智慧的覺受。因
此，不論發生什麼事情，絕對不要迷戀，只要堅持不懈地修
學即可。藉由這麼做，你的心將變得明晰寧靜。你的身體將
感覺充滿大樂，非常輕盈，幾乎像是蓬鬆柔軟的棉球一般。
這些是清淨障礙、修行有所進展的徵兆。請記住，發展細微
的禪定（三摩地）需要戒律。沒有戒律，你的禪修永遠不會
進步。

　　第六個波羅密是「智慧（般若）」。智慧波羅密也有三
種。第一種是從研讀所生成的智慧。第二種智慧源自甚深地
省思教法，去除所有的疑慮、迷惑、誤解和猶豫。在這個過
程中，你對所聽聞、所學習教法的意義確信不移。一旦你擁
有這種確信，就能夠發展出從禪定而來的智慧。你要努力把
教法融入你個人的覺受之中，並且加以培養。這個過程將使
教法成為你的第二天性。這樣的結果是，你最終將了悟本初
智慧。修持戒律與禪定的主要目標，即在於增長智慧。

　　你所從事的任何修行都應該包括發菩提心、修持六波羅
密、迴向功德這三個步驟。要學著離於做者、受者、所做行
為這三種概念，並把利益迴向一切眾生，這即是行於結合福
德與智慧資糧的殊勝道。

後善

■雪謙·嘉察·貝瑪·南賈

第十二章　回向功德

把一切廻向獲致正等正覺。
此乃結合二資糧之殊勝道。
因此，在菩提心的道路之中，
世俗諦和勝義諦為一：
是以慈悲為本質的空性——
此道令諸佛歡喜。

持續地觀修菩提心，不久之後，
在遮蔽佛性的帳幕被清除時，
你將掙得「證悟者」的名號。

在本質上，菩提心的修道是實現本初自性的途徑，而這個本初自性是我們所本具的。以大決心堅定不懈地觀修慈悲與空性的雙運，不久之後，你將清除「遮蔽佛性的帳幕」。這些障蔽是由令人苦惱的心理因素所製造的煩惱障，以及使我們無法了解萬事萬物自性和萬事萬物多樣性的細微所知障。此二障使我們無法成佛。一旦我們去除此二障，我們將看見真如佛性。

在證得無染之殊勝功德，

展現不息、遍在而自生的佛行事業之後，

你將成為虛空下一切眾生的怙主。

證悟具有無量的功德，顯現為含攝一切的慈悲。「自生的佛行事業」不需要任何的努力或特定的意圖。它自然而然地從諸佛的慈悲智慧中萌生。透過這種不息的慈悲，證悟者的每個行為都能夠利益一切眾生。

跋

> 如是，我，蓮花尊勝（Padma Vijaya），
> 飲用了流自偉大傳承持有者之口的教導，
> 已經稍稍窺視這些教導，如今已有些許覺受，
> 應一位尊貴善知識之請，
> 我說明此一簡短的論釋。
>
> 藉此功德，
> 願菩提心在一切有情眾生的心識流中生起，
> 願一切有情眾生看見未被遮蔽的勝義諦，
> 即佛性的面貌。

　　在結論之中，作者總結說明本論的起源，獻上一篇祈願文，並且迴向撰寫這本著作的功德。因此，我也非常高興有此機會闡釋、探究此一清晰而優美的文本。你或許已經熟悉這些教法。我沒有什麼特別加以補充的，我只想要藉此提醒讀者。

　　根據西藏的傳統，論釋有三大類：逐字的字面論釋，針對文本意義所做的論釋，以及「無所不包」的論釋。我所給予的是逐字的字面論釋。

　　在這個本論之中，我們學習不同的方式來發起菩提心。

我們需要運用這些珍貴的教導來獲得真正的覺受，並且把這些教導融入我們的生活之中。這麼做是研讀這些教導的唯一理由。我們修行的結果應該是我們從內在轉化成為一個更好的人。在修行數月或數年之後，我們應該比較不容易瞋怒、驕慢和忌妒。我們的修行應該使我們的心更廣大而輕安自在。

舉例來說，節食的目的是在減輕幾磅的重量，而不在於累積知識，成為每一種節食方法的專家。我們或許已經聽說不同的節食方法，閱讀了眾多的書籍，但是除非我們切實執行其中一種節食方法，否則我們不會減輕重量。除非我們決心把節食融入日常生活之中，否則節食無法對我們有所助益。如果你沒有減輕重量，那麼就沒有必要遵循任何一種節食方法。同樣的，如果你不修持教法，具破壞性的情緒和我執將不會消失。那時，無論你領受了多少佛法教導，它們將一無所用。

頂果‧欽哲仁波切總是大力強調融合心與佛法和結合修行與日常生活的重要性。我們的目標應該是，在禪修時，把我們的心與佛法融合，並且把禪修的品德融入我們的所作所為之中。佛法需要成為我們的第二天性。在我們修行很長一段時間之後，如果我們仍然像以前一樣動怒，甚至比以前更容易動怒，那麼我們可能沒有把修行融入我們的生活之中。欠缺安樂感是我們沒有把修行融入生活的另一個徵兆。一個真正的修行者至少應該成為一個善良的人。

你或許覺得自己可能對心已有些許控制，或修行有了些許進步，然而一旦遭遇困境，你的心毒就像以前一樣，以相同的力量壓倒你的心。如果真是如此，檢查看看你是否成為一個更好的人。你正在慢慢脫離障蔽的情緒嗎？你正在享受內在自由的成果，遠離障蔽的情緒嗎？

在數年的修行之後，我們應該獲得內在的平靜感，對外在情境也不再那麼脆弱。如巴楚仁波切這般偉大的上師，他們體驗到巨大的喜悅和甚深的快樂，乃是他們修持佛法的結果。當負面情緒和迷妄消失時，內在自由、輕安、開放的快樂和喜悅將會生起。相反的，如果我們的心毒仍然是全能的，時時折磨我們，讓我們老想著自己，我們就錯失了修行的重點。

你可能沒有親見頂果・欽哲仁波切或雪謙・嘉察，但是當你閱讀他們的著作，你可以感受到他們領悟的深奧、智慧的深度，以及心的廣闊。這是真正佛法修行的自然結果，這在修行開花結果的修行者身上顯而易見。即使是尚未獲致證悟的修行者，仍然會散放出一種內在的安樂。這是良好修行者的一個徵兆。修行差勁薄弱的人可能會緊繃而難以相處。這樣的修行者體驗到許多煩惱的念頭和問題，而無法加以應付。相反的，修行穩固堅定的人自然會變得更加開放，體驗到內在的自由。他或她已經準備懷著喜悅、精進和慈悲行於菩薩道，在世俗和究竟的層次上利益眾生。願這些教法鼓舞一些人懷著熱忱和信心，踏上慈悲與自在的道路。

本論

南無上師、佛陀、菩提薩埵，
禮敬上師、諸佛、菩薩眾！

我向證得無上本初解脫的一切上師頂禮。
這些上師
出於慈悲而住於世間，
浚斷輪迴的深淵。

我將淺談如何用菩提心這個甘露
來摧毀人們以一切為對實的執著。
大乘修道是諸佛菩薩行走過的道路，
而菩提心則是大乘修道的精髓。

你要記住，當你處於極度的困境中，
在那執著人生顯象的廣大平原上，
被你的敵人——障蔽性的情緒——包圍時，
你那無上的財富——善德——就快被奪走了。

一切諸法住於
無始虛空之中；
因此之故，
一切有情眾生都能夠證得涅槃。

如同大地之內
有全然純淨的水；
在煩惱之中，
有偉大的本初智慧。

闡釋空性的佛經，
以及世尊諸佛所說的一切話語，
都談及盡除煩惱。

佛性是無染的。
它是甚深、寧靜、無造作的真如，
它是非和合的明性廣空；
它是無生、無滅、本然的寧靜，
它是任運自生的涅槃。

如同芝麻油充滿芝麻一般，
如來藏的本質
本初即在一切眾生的基本狀態之中，
並且與眾生的基本狀態是不分離的。

受主體（做者）和客體（受者）的迷妄見解所障蔽，
被包裹在三種串習的蟲繭之中，
如同藏在窮人房屋底下的寶藏，

這自性仍然未被認清。

煩惱與錯誤的行為創造了痛苦，
這些痛苦如雨般降在我們身上。
自無始以來，你一直遊蕩
在看似存在卻不真實的輪迴廣袤平原上
哎！此即無明與業的力量。

在真正上師的蓮足前
五體投地頂禮之後，
你應該用他所教導的甘露，
清淨我執的染污。

現在你終於獲得
這暇滿人身。
這人身是如此難尋，如此的充滿意義。
在僻靜處轉化自己，不執著於今生是值得的，
因為今生的重要性是那麼微小。

在無常與虛幻的雲朵之中，
生命的閃電舞動著：
你確定你明天不會死亡？
死亡無可避免，因此你要修持佛法！

自無始以來，
在輪迴的牢獄之中，
你一直忍受三苦的懲罰。
然而，你仍然漠不關心——這腐敗墮落的心！
此時此刻是征服大樂城堡的時機。

快樂和痛苦是業的展現。
因此世尊曾說，
你無法逃離因果業報的法則。
明白這一點，謹慎地加以區分：
避免惡業，成就善業。

依止一切皈依的無欺體現：
無上之三寶。
只要聽聞他們的名號，
就能夠粉碎輪迴之城。

自無始以來，母眾一直溫柔地照料我們，
在這個世界上，
有誰比追求個人的涅槃寂靜，
而遺棄在輪迴汪洋受苦的母眾之人
更厚顏無恥？

自無數劫以來，
那些具有無上智慧者及其子嗣
已經用大智慧探究並了解，
殊勝的菩提心具有大利益。

在所有通往究竟目標的道路之中，
如果你走上這條道路，
開啟雙重目標的寶藏，
你怎還需要其他的見證？

遵循兩個傳統的其中一個傳統，
生起願菩提心和行菩提心，
學習它的戒律：
詳細的和精簡的、共與不共的戒律，
並且熱切地把它們付諸實修。

思量諸佛與我們這些凡夫俗子之間的不同。
諸佛實現其他眾生的利益，
我們則以自身的利益為目標。
即使犧牲你的性命，也不要放棄菩提心。

既然菩提心是菩薩
如海事業的根本，

因此菩提心是一切學處的關鍵，
大乘修道之根。

如果你擁有菩提心，你將走上正道；
你的所作所為，即使是無記（不善不惡）的行為，
都將轉為善行，
而你將永遠不會偏離解脫道。

若無菩提心，不論你做什麼，
你將停留在小乘的道路上；
即使連你的善行都將使輪迴永存不滅，
更別說中性的和其他的行為。
不論你做了什麼，都將是痛苦。

因此，你必須以當下、覺察和關切
一再檢視你的心。
絕對不要認為，
違犯微小的戒律是一樁輕罪。

在請求諸佛菩薩
護念你之後，
你披上立誓解脫一切眾生的盔甲，
因而使天上和人間歡喜。

因此如果你現在欺騙了他們，
所有這些有情眾生將會如何？

話說，透過精進不懈，
即使連蜜蜂和蒼蠅都能夠獲致證悟。
為什麼你身而為人，
卻缺乏勇氣？

熟能生巧，
萬事皆然；
你必須一再努力
不斷修心。

我們首先執著於「我」這個見解，接著是「我的」。
由於這種執著，
眾生如同在水車磨坊般地在輪迴中起伏循環。
我向慈悲對待所有這些眾生的大悲者頂禮。

雖然我沒有傷他分毫，
但是自無始以來，
我的敵人「我執」已經侵入我的心，
把我囚禁在可怕的輪迴牢籠之中。

它在我身上已經施加數百種痛苦折磨。
然而，我不但沒有怨恨它，
反而信任它，並且受它控制。
有比這個更嚴重的
災難和迷妄嗎？

誤給的忍辱不屑一顧。
把三寶做為我的依怙，
登上不退轉出離心的座騎，
披上四無量的盔甲，
激勵六波羅密的軍隊，
今天，佩著空性與慈悲的銳利武器，
我將斬殺我的仇敵！

如果我不摧毀我執，
它將繼續製造「無間地獄」
及其他地獄的無盡痛苦。
有哪個頭腦清楚的眾生不會採取行動？

檢視「自我」的自性
停留在何處及前往何處；
你將會發現「自我」不具有絲毫的存在。
「自我」是一旦被降伏

就不會再起的敵人。

在過去，無上的勇者菩薩
藉由降伏這個敵人來證得大樂。
了解在這危急關頭的風險和利益，
不讓這個敵人逃脫的人
乃是智者中的智者，
勇者中的勇者。
誰能夠與這樣的人齊頭？

為了降伏我執，
明智的諸佛
詳釋八萬四千種教法，
根據每個眾生的根器因材施教。

這一切全都是為了調伏我執。
取決於眾生根器的層次，
煩惱可以被根除、轉化或運用。
然而在本質上，這一切的根本
乃是無上的修學──菩提心。

人們要如何修行？
不要受造作輪迴的

凡俗念頭所駕馭，

而是用正念觀照掌控念頭。

重新整合你過去所有的瞋怒，

用對治的軍隊徹底擊潰瞋怒：

這就是放棄煩惱。

接著，為了徹底清淨你的行為，

如同把鐵轉化成為黃金一般，

用相對菩提心轉化三對境、三毒和三根本功德。

最後，修持究竟菩提心，

了悟一切生起皆是法身之展現，

法身即本初自性，即無間的離戲。

若不執著，無論生起什麼，都會自然解脫。

在這不排斥也不接受的大平等味之中，

繼續保持。

這個涵義，智慧與善巧方便的本初無二，

以慈悲為本質的空性，

必須被帶入修道。

然而，為了逐漸使心穩定，

初學者必須先修持相對菩提心。

為此，你要明白一切有情眾生都曾是你的母親，
思量她們的仁慈和回報她們的方式。

生起溫柔的慈心及其他三個無量心，
尤其是生起神妙的大悲心。

依照次第來觀修四無量心，
先是對著極為容易生起的對境，
接著是比較容易生起和難以生起的對境，
並且透過各種方法來修學這四無量心。

既然我們無法做出絕對的評斷，
因此你和一切眾生都同樣想要快樂，
你和一切眾生都同樣想要避免痛苦。

為了養成關心他人勝過關心自己的習慣，
當你騎乘在呼吸的馬匹之上，
從事自他交換法的觀想時，
你應該牢記重點，並且把重點融合為你的一部分。

切勿以日、月、年來計數
或衡量這個修行法門。
你要問，真正的覺受是否已經生起，

認真地把菩提心化為
你自己含攝一切、甚深而不可或缺的一部分。

為了減弱修行的障礙，
增強修行的助力，
你應該竭盡全力
清淨障蔽，圓滿積聚功德，
不斷地向上師和三寶祈請，
把所有的冀望交託給上師和三寶。

當你自己的快樂增長，
或當你渴望擁有快樂時，
你必須了解，善行會帶來快樂。

因此，時時刻刻全力以赴
慷慨地將所能獻予一切有情眾生，
祈願你的快樂和善行
能滋養一切眾生。

當你看見他人行善時，
衷心隨喜，
不要懷有敵意或忌妒，
並要祈願每個人都能夠如此行善。

當令人厭惡的事物來到你的面前，
或當你只是希望去除痛苦時，
你必須了解，
這些正是我們必須盡除痛苦之因（不善行）的明證。
你要集合四力，
攻擊那肇事者：我執。

所有墮落和過患
是無量眾生痛苦之因、緣與結果。
祈願這所有的墮落和過患
在你身上成熟，
並願一切眾生離於
自身惡業所造成的痛苦。

尤其當任何一種五毒
或世間八法生起時，
要以心的清新當下逮住它們。

以修心來消除我執，
回憶那些你曾犯錯的一切時刻。
首先，思量所有的障蔽情緒，
和以眾生與諸法為實有的見解，
這為一切平凡眾生和佛法修行者製造了障礙，

使他們無法生起更崇高的志向，
同時也帶來困難與逆境。

接著，聚集所有的障礙、困難與逆境，
隨著你的吸氣融攝入你的我執之中，
並且摧毀這詛咒本身。
把這一切集中在一點，
用強大的決心、對治解藥
和能防止我執的禪修
來根除我執。

此即修行的動力。
它看似微不足道，卻非常重要，
並帶來修道上最大的進展。
此即相對的修心。

既然話說，
「連想要治療一個眾生最輕微的頭痛，
都具有無量之善德，
那麼想要去除一切有情眾生的所有痛苦，
會有什麼樣的善德？」

一旦你熟悉這個，

便生起究竟菩提心。

所有可辨識的顯象，包括內在和外在的現象，

皆如夢如幻——

過去它們不存在，

未來它們也不會存在，

在此之間，它們透過一連串緣起而顯現。

現象雖然顯現，

但從最初始以來，就缺乏真實的存在；

現象原本就缺乏本質，

現象也不存留。

現象是三身與智慧的展現，

其究竟自性從未改變：

過去沒有改變，未來也不會改變。

由於不明白這一點，

幼稚的有情眾生視現象為堅實；

因此開始一連串的愛與憎，

以及輪迴的巨苦——這場不存在的化妝舞會！

無明和「視眾生與現象為實有」

是強大的根；

當這些成為習慣，

輪迴就生起。

遵循經典和上師的口訣教導，
具順緣而立志解脫的眾生，
首先必須讓自己熟悉
眾生與現象不存在之理。

執著「自我真實存在」的這個想法，
是把「我」念當做一個真實的本體。
這是因為誤解了
那易腐壞消亡的五蘊。

如果人們適當地檢視
這五蘊的集合，
它們如同閃電、瀑布或油燈般
合成而無常，
就好像錯把繩索當做蛇，
人們看清自我只不過是一個錯誤的見解：
自我不存在，並且缺乏本具的實體。

執著於現象真實存在，
即是執著於主體與客體的見解。
人們所覺察的一切對境，內在與外在的現象，

都是源於串習的如幻顯象。

如同視覺錯亂，
如同水中月影，且如同錯誤的覺知，
若不檢視，我們視其為理所當然；
若去檢視，它們就什麼也無。
如同原子和剎那一般，
現象並非可下定義的本體。
因此，你必須斷定，
主體與客體絕無存在的可能。

藉由不斷轉動檢視之輪，
你將相信
眾生與現象皆不存在，
未來時機到臨，
你將確信二諦：
依緣事件的如幻生起
和離於一切假說的空性，
不相牴觸，反而在本質上為一。

當主張顯空有別的一切成見都崩解時，
探究就結束了。
那個時候，

概念的推理還有什麼用處？

空性是所有見地的對治解藥，
但是如果人們執著於空性的概念，
那麼就像瀉藥變成毒藥一般，
空性將毫無用處。

如同相互摩擦的兩根棍棒，
被它們自己所生的火焰燒毀，
對治解藥本身必須自行消失。

放鬆於本初離戲的相續中，
這種本初離戲即是從最初即保有的究竟自性，
這種自然狀態，是具有解脫三門的廣袤虛空：
空性、無特性和無意圖。

於是你將看見光燦的佛性，
在佛性之中，
一切心之造作和活動都在究竟廣空中寂靜。

空為自性，它離於常見；
明為展現，它離於斷見。
雖人因此以為有空、明兩個面向，

而它就是基本的自性，在其之中，
一切分別覺知的想法在它們自己的空間中即得解脫：
不可思議、難以言說，只能透過智慧來理解。

自性為非合成的，
不由觀看而得見，
如同直視金剛虛空，
稱之為「見到究竟的虛空」。

沒有什麼要去除的事物，
也不必添加絲毫的事物。
圓滿地注視圓滿本身，
觀見圓滿者即獲圓滿解脫。

當有形和無形的事物
不再存留於心中，
沒有其他的取代物，
了無一切概念，此即全然的寂靜。

若不知道這個重點，
而用心之造作來痛苦地釘住你的心，
這不是止；
建構智識的藩籬，這不是觀。

圓滿地觀見不可思議的究竟自性，

不帶任何智識的造作，

乃純然智慧的範例。

超越此者，乃無上究竟的智慧——

是已達合一境界的聖者

所了悟的內涵，

合一乃洞察（觀）的本初雙運之義——

它能帶來安住於自然相續的智慧和平靜，

以上可由上師口訣教導的力量而證得。

禪修覺受被事物真實存在的見解所染污，

無論是大樂、明晰或無念，

全都是騙人而誤導的。

如果你執著事物為真實，你就是在餵養輪迴，

你將永遠不會超越三界。

因此，運用熟練的技巧，

安住於離戲之中，讓一切如是

處於不把事物視為真實的狀態中，

於此，了悟者、所了悟及了悟

皆成為無二無別，如同把水倒入水中。

此乃超越語言和智識的根本自性
即是了義，般若智慧，
只能透過人們自身的覺性而了悟。
要下定決心掌握此一領會！

簡而言之，如怙主阿底峽所說，
「在勝義中，沒有分別；
既沒有受制約的現象，也沒有究竟的現象。
在空性的面前，完全沒有分別。」

「不由了悟而得證，
單純被稱為『觀見空性』，
觀見無法被觀見者。
最甚深的佛經如是說道。
無所見，無見者，
無始，無終，
寂靜。」

「完全超越『真在彼處』和『非真在彼』，
離於分類和參考點，
它不滅，也不住，
從未來，從未去。
它無法用文字形述。」

「它無法被表達；它無法被觀看；

它從未改變，從未存在為一個堅固實體。

了悟這一點的瑜伽士，

去除了二障：

煩惱障和所知障。」

阿底峽尊者在《入二諦》如是說道。

了悟勝義諦的八種功德，

佛經中曾有闡釋，

透過上師的加持

而直接傳授指出心的真正自性，

如此，這八種功德將自然在大圓滿中依序出現。

這不在凡庸心的範疇之內，

那些充滿散漫念頭的人，

無法嘗到它的滋味。

因此有這麼一句話：

「唯有透過信心，

才能了悟自生勝義諦。」

因此，緊握著虔敬心的生命力，

這種虔敬心視上師為法身；

安住在不間斷的純然離戲之中，

你將了悟其精義。

如果你錯失重點，
並且沾沾自喜地相信你沒有誤入邪魔外道，
或聲稱你不做任何確立，
或執著空性為空無一物，
那不是中觀。

如果你無法摧毀
對唯物觀點的心智執著，
你就更加偏離中觀。
因此，要滋養那離於執著和一切心之造作的自在。

所謂的大禪修者若未了悟這一點，
而害怕他們的修持將會挨餓到自斷生路，
他們這是在努力折磨自己，
這有什麼意義？
追蹤念頭的來去
哪有什麼意義？

「覺醒的覺性超越心識，」
「法身超越根本識，」
「離於受制約的智識。」
我遺憾地說，
凡俗眾生對這一切確是聞所未聞，

而此意涵仍未被開啟。
但是我不會多說。

一切眾生都具有如來藏，
因此一切眾生都具有成佛之因。
因此，視一切眾生為清淨，
並且思量一切眾生之大慈。

在每座修法之間隔，
生起佈施波羅密及其他波羅密，
了無三種概念。
把一切廻向獲致正等正覺。
此乃結合二資糧之殊勝道。

因此，在菩提心的道路之中，
世俗諦和勝義諦為一：
是以慈悲為本質的空性──
此道令諸佛歡喜。

持續地觀修菩提心，不久之後，
在遮蔽佛性的帳幕被清除時，
你將掙得「證悟者」的名號。

在證得無染之殊勝功德，
展現不息、遍在而自生的佛行事業之後，
你將成為虛空下一切眾生的怙主。

如是，我，蓮花尊勝，
飲用了流自偉大傳承持有者之口的教導，
已經稍稍窺視這些教導，如今已有些許覺受，
應一位尊貴善知識之請，
我說明此一簡短的論釋。

藉此功德，
願菩提心在一切有情眾生的心識流中生起，
願一切有情眾生看見未被遮蔽的勝義諦，
即佛性的面貌。

詞彙解釋

■ **Absolute truth**（藏文 don dam bden pa）勝義諦

心的究竟自性，一切現象的真正狀態。這種狀態超越所有概念的造作，只有本初智慧才能了知，並且超越二元分立覺者所見的事物本貌。

■ **Actions**（藏文 Las）業行

為他人帶來快樂的業（行為），稱為善業；為他人和自己帶來痛苦的業，稱為不善業。每個行為或業，不論是身業、意業或語業，如同一粒種子，會使我們在今生或來世體驗到行為的結果（業果）。

■ **Afflictive mental factors**，**negative emotions**（藏文 nyon mongs，梵文 klesha），煩惱

源自我執的一切心理活動都會煩擾心，障蔽心。貪、瞋、癡、慢、疑等五種主要煩惱有時候稱為「五毒」，是眼前的和長期的痛苦的主要原因。

■ **Aggregates**，**five**（藏文 spung po，梵文 skandha，字面意義為堆、集、事件），蘊，五蘊

五蘊是指色、受、想、行、識等組成的元素。分析某人時，

可能會找到這些元素而無其他殘餘物。當五蘊聚集在一起時，「自我」的幻象就在無明的心中生起。

■ Alaya（梵文 kun gzhi，字面意義為「一切的基礎」），阿賴耶

根據大乘佛教的說法，阿賴耶是心根本而不定的層次，也是儲存業力印記之處。

■ Appearances（藏文 snang ba），顯象

外在現象世界。雖然這些現象看似具有真實的實體，但是空性乃是它們的究竟自性。當我們覺知和了解這些現象的方式逐漸轉化，我們在證悟道上的層次便有不同。

■ Arhat（梵文 dgra bcom pa），阿羅漢

殲滅煩惱敵人、了悟自我不存在的人，因此他永遠離於輪迴的痛苦。證得阿羅漢的果位是小乘或聲聞乘的目標。

■ Asanga（藏文 thog med），無著尊者

西元三五〇年，大乘佛教的重要人物，與胞弟世親尊者共創唯識宗。他是大乘佛教廣行傳承（Vast Activities）的源頭，與來自龍樹菩薩、文殊菩薩的深觀傳承（Profound View）相輔相成。

■ Atisha（藏文 jo bo rje），阿底峽尊者

亦名燃燈吉祥智（Dipamkarashrijnana，982-1054），印度戒香寺（Vikramashila）佛學院的住持。他受西藏古格王益希沃（Yeshe O）之邀入藏，重振被朗達瑪蹂躪的佛法。他引入修心教法，此教法融合龍樹菩薩與無著尊者的菩提心傳統。

■ Awareness，pure（藏文 rig pa），覺性，純然覺性

心的無二究竟自性，完全離於迷妄。

■ Bodhichitta（藏文 byang chub kyi sems，字面意義為「證悟心」），菩提心

在世俗或相對的層次，菩提心是為了一切眾生而成佛的願望，以及為了成佛所必須從事的修持：慈心、悲心、六波羅密等等。在究竟或勝義的層次，菩提心是對究竟自性的直觀。

■ Bodhisattva（藏文 byang chub sems dpa），菩薩

藉由慈悲而努力為一切眾生獲致圓滿證悟或成佛者。

■ Buddha（藏文 sangs rgyas），佛

盡除煩惱障和所知障等二障者，已經生起二智者，此二智為了知心與現象之究竟自性的智慧，以及了知現象之多樣性的智慧。

■ Buddha-Nature（藏文 bde gshegs snying po），佛性

佛性並非一個「本體」，而是心的究竟自性，離於無明的障蔽。每個有情眾生都可以藉由圓滿了知心之自性，而擁有實證這種佛性的潛能。換句話說，佛性是有情眾生的「本初善」。

■ Chandrakirti（藏文 zla ba grags pa），月稱菩薩

第六世紀的印度大師、擁有無與倫比之辯證技巧的作者。他遵循龍樹菩薩的中觀傳承。他被視為中觀應成派（Prasangika Madhyamika）的創始者，並且使其系統化。

■ Clinging，grasping，attachment（藏文 bdag 'dzin），執著

執著有兩個面向，即執著自我為真實，以及執著現象為真實。

■ Compassion（藏文 snying rje），悲心

希望一切眾生離於痛苦及痛苦之因（負面行為和無明）的願望。悲心與慈心、喜心和捨心相輔相成。慈心是希望一切眾生找到快樂及快樂之因的願望。喜心是隨喜他人的功德。捨心是把悲心、慈心和喜心推及一切眾生，沒有朋友、陌生人或敵人之別。

■ Dharma（藏文 Chos），法

這個梵文字通常被用來指稱佛陀的教義。所傳之法是指口語教法的集成，不論是口述的或文字書寫的教法。所悟之法是指修持這些教法所獲得的品質與功德。

■ Dharmakaya（藏文 chos sku），法身

成佛的空性面向。也可譯為真實身（body of truth）或究竟身（body of absolute）。

■ Dharmata（藏文 chos nyid），法性

真如，現象的究竟自性，空性。

■ Duality，dualistic perception（藏文 gnyis 'dzin），二元分立

尚未證悟者的平庸覺知，將現象分為主體（識）和客體（心中影像和外在世界）的理解，並相信它們真實存在。

■ Ego，「I」（藏文 bdag），自我，我

儘管我們是個不斷轉化之流，與其他眾生和整個世界相互依存，但是我們仍然想像在我們的內在有個不變的本體，是我們的特性，且我們必須保護和取悅這個本體。如果我們徹底分析這個自我，我們將會發現，自我只不過是個虛構的心之造作。

■ **Eight worldly concerns**（藏文 jig rten chos brgyad），**世間八法**

利（得）、衰（失）、苦、樂、毀（惡名）、譽（美名）、稱（讚美）、譏（怪罪）。

■ **Emptiness**（藏文 stong pa nyid，梵文 shunyata），**空性**

空性是現象的究竟自性，即現象缺乏本具之存在。對空性的究竟了悟將在對有情眾生自然生起無量悲心之時伴隨而來。

■ **Enlightenment**（藏文 sangs rgyas），**證悟**

成佛的同義字。當圓滿的內在智慧和無限悲心合一時，證悟即是修行的無上成就。證悟是對心與現象自性的圓滿了悟：心與現象的相對存在模式（它們顯現的方式），以及心與現象的究竟自性（它們如是的方式）。這樣的了解是對治無明的根本解藥，因此也是對治痛苦的根本解藥。

■ **Eternalism**（藏文 rtag par lta ba），**存在主義或常見**

兩種「極端」見解之一（另一個是虛無主義）。存在主義相信有永恆存在的本體，例如神聖的造物主或靈魂。

■ **Existence：true，intrinsic，or reality**（藏文 bden ‘dzin），**存在、真實存在、本具存在，或實體**

現象的特質或屬性，認為現象是獨立的客體，自主存在，擁

有與生俱來的特質或屬性。

■ **Four boundless attitudes or four immeasurables**（藏文 **tshad med bzhi**），**四無量心**
心的四種極善狀態，被視為「無量」，乃是因為四無量心無一例外地專注於一切眾生，具有無量之功德。四無量心分別是慈心、悲心、喜心和捨心。

■ **Gods**（藏文 lha，梵文 Deva），**天道眾生**
根據佛教傳統，天道眾生高於人道眾生，雖然天道眾生並非永存不朽，但是他們享有無限的權力、至樂和長壽。

■ **Great Perfection**（藏文 rdzogs pa chen po，梵文 Mahasandhi），**大圓滿**
此乃九乘的顛峰，寧瑪派的究竟見地。圓滿意指心在自性上，自然而然地包含三身的所有功德：其自性是空性，即法身；明性是它自然的展現，即報身；它的悲心是含攝一切的，即化身。

■ **Hinayana**（藏文 theg dman），**小乘或聲聞乘**
佛教思想與修行的基本體系，源自佛陀初轉法輪的教法，以四聖諦和十二支緣起的教法為中心。

■ **Ignorance**（藏文 ma rig pa），**無明**

看待眾生與事物的錯誤方法，視眾生與現象為真實、獨立、
堅實、本具地存在。

■ **Interdependence or「dependent origination」**（藏文 rten
　 cing「brel bar」byung ba），**緣起**

佛教教法的基本元素。根據緣起的見解，現象不是獨立存在
的本體，而是依緣條件的巧合。

■ **Kadampa**（藏文 bka' gdams pa），**噶當派**

新譯派的第一個學派，遵循阿底峽尊者的教法。它強調悲
心、研讀和清淨的戒律。

■ **Kalpa**（藏文 bskal pa），**劫**

一大劫對應於宇宙形成與毀滅的一個循環。一大劫分為八十
個中劫。一個中劫有兩個小劫構成；在一個小劫之中，壽命
增長，在另一個小劫之中，壽命衰減。

■ **Karma**（藏文 las），**業**

這個梵文字意指「行為」，即與我們的念頭、語言和舉止有
關的因果業報法則。根據佛教教法的說法，眾生的命運、喜
樂、痛苦，以及對宇宙的看法，不是因為機緣，也不是因為
某個全能本體之意志的緣故。它們是先前行為的結果。同樣

的，眾生的未來取決於眾生目前行為的善惡。業分為集體的共業和個別的不共業。共業是指我們對世界的一般看法。不共業決定我們個人的覺受。

■ **Kharak Gomchung（藏文 kha rag sgom chung），卡拉‧貢秋**

十一世紀的噶當派上師，以精進不懈、嚴格修持教法而聞名。他領受大圓滿教法，證得虹光身。

■ **Liberation（藏文 thar pa），解脫**

離於痛苦和輪迴，但是尚未圓滿成佛。

■ **Lower realms（藏文 ngan song），下三道**

地獄道、餓鬼道、畜生道。

■ **Mahayana（藏文 theg pa chen po），大乘**

自我與一切現象之空性的見地、無所不在的悲心、帶領眾生離於痛苦與痛苦之因的欲望，乃是大乘佛教的特徵。為了達到這個目的，大乘佛教的目標是達到無上之正等正覺。大乘佛教的修道是由修持六波羅密所構成。

■ **Meditation（藏文 sgom），禪修**

對現象產生新看法的熟稔過程。禪修分為觀——分析式的禪

修和止——冥思式的禪修。分析式禪修的對境可以是一個被
研究的重點（例如無常），或我們希望生起的品質（例如慈
悲）。冥思式禪修讓我們認清心之究竟自性，並且安住在這
種超越概念的自性之中。

■ Merit（藏文 bsod names），功德

從善行或善德生起的正面能量。

■ Middle Way（藏文 dbu ma，梵文 Madhyamika），中觀

關於空性的教法，首先由龍樹菩薩加以闡釋，被認為是密咒
乘的基礎。「中」是指超越存在主義與虛無主義兩個極端的見
解。

■ Mind（藏文 sems），心

就佛教而言，心的一般狀態其特性為無明和迷妄。一連串的
意識剎那造成了相續性的顯象。在究竟的層次，心有三個面
向：空性、明性（了知一切事物的能力），以及自生悲心。

■ Nagarjuna（藏文 klu sgrub），龍樹菩薩

第一、二世紀的印度大師，六莊嚴（Six Ornaments）之一。
他闡釋中觀的教法，撰寫無數哲學與醫學的論著。他是中觀
思想體系的創始者。中觀思想仍然被藏傳佛教視為所有哲學
體系的顛峰。

■ **Nihilism（藏文 chad par lta ba），虛無主義或斷見**

極端的唯物觀點，把感官經驗視為唯一真實的事物，因此否認前世與來世的存在，否認因果業報等等。

■ **Nirvana（藏文 myang 'das），涅槃**

「超越痛苦」。這表示證悟的數種層次，取決於我們是從小乘（根基乘）或大乘的觀點來看。

■ **Obscurations（藏文 sgrib pa，梵文 Avarana），障蔽**

障蔽心之自性的心理因素。參見「二障」。

■ **Padmasambhava（藏文 pad ma 'byung gnas，字面意義 lotus-born），蓮花生大士**

或稱為烏金大師（Master of Orgyen）和咕魯仁波切（Guru Rinpoche，意為「上師寶」）。在第八世紀，他受西藏國王赤松·德贊之邀入藏，成功地創建了佛教經典與續部的教法。他在西藏傳播金剛乘的教法，並且為了未來世代隱藏了無數伏藏。他被尊為第二佛。第一佛釋迦牟尼佛曾預言蓮師的到來，也預示了他將傳授金剛乘的不共教法。

■ **Paramita（藏文 pha rol tu phyin pa），波羅密**

超越的圓滿或善德。六波羅密的修行法門能夠帶領修行者成佛，因而成為菩薩的修行。六波羅密分別是佈施、持戒、忍

辱、精進、禪定和智慧（般若）。根據另一個計算方法，有十波羅密，換句話說，是在前述的六波羅密進一步再加上四個波羅密。這四個波羅密被認為是智慧波羅密的四個面向。它們分別是方便波羅密、力波羅密、願波羅密和本初智慧的波羅密。

■ Path（藏文 lam），道
讓人們從輪迴解脫，然後成佛的靈修訓練。

■ Patrul Rinpoche（藏文 jigs med chos kyi dbang po，1808-1887），巴楚仁波切
出生於西藏東部，寧瑪派極有成就的上師。他以不分教派的態度和極簡的生活聞名。 他的著作豐富，在西方國家以《普賢上師言教》（*Words of My Perfect Teacher*）這本書而知名。《普賢上師言教》是介紹金剛乘修行的入門書。

■ Phenomena（藏文 snang ba），現象
透過感官覺知和心理活動而顯現在心之前的事物。

■ Prajnaparamita（藏文 shes rab kyi pha rol tu phyin pa），般若波羅密多
一，般若智慧，對空性的了知；二，佛經的集結，屬於佛陀二轉法輪的教法，闡釋現象的空性。

■ Pure perception（藏文 dag snang），淨觀

視世界為三身與智慧的清淨展現，即視世界為淨土。另有造作的淨觀，即修行者努力地視萬事萬物為清淨，但仍停留在概念的層次。

■ Refuge（藏文 skyabs yul），皈依

皈依的對象。皈依的修行法門。

■ Relative truth（藏文 kun rdzob bden pa，all-concealing truth），世俗諦、全遮法

在一般覺受的層次，現象被視為真實。

■ Samadhi（藏文 bsam gtan），三摩地

不同程度的禪定。

■ Samsara（藏文' khor ba），輪迴

尚未證悟的狀態。在這種狀態之中，心受到貪、瞋、癡三毒的奴役，無法控制地從一個狀態演化到另一個狀態，經歷一條永無止境的身心體驗之流，而這些體驗都以痛苦為特徵。唯有當人們了悟現象的空性，去除所有的障蔽，才能夠從輪迴中解脫。

■ Sangha（藏文 dge 'dun），僧伽

佛教修行者的團體，不論其為出家眾或在家眾。「聖僧眾」
（Noble Sangha）是指已經證得「見道」（path of seeing）或超
越見道的僧伽成員。

■ Secret mantra（藏文 gsang sngags），密咒

參見「金剛乘」。

■ Shakyamuni，Buddha，釋迦牟尼

歷史上的釋迦牟尼佛。他在西元前五百年，於印度菩提迦耶
的菩提樹下獲致圓滿證悟。

■ Shamatha（藏文 zhi gnas），奢摩他

在本質上，奢摩他是一種禪定。在這種禪定之中，心專注於
一境而保持不動。這是一種止的狀態，非常重要，但是「止」
本身無法調伏無明和認為有我的概念。

■ Shantideva（藏文 zhi ba lha），寂天菩薩

那爛陀（Nalanda）寺的成員，《入菩薩行論》的知名作者。
他支持月稱菩薩中觀應成派的觀點。寂天菩薩也是《集菩薩
學論》（Shiksasamuccaya）的作者。《集菩薩學論》引述各方
對戒律的講述，因而成為重要的集成概要；若非如此，那些
文獻可能早已佚失。

■ **Six realms of existence**（藏文 gro drug），**六道輪迴**

特定的業所產生的六種存在狀態，並且被視為真實。事實
上，它們都平等地缺乏本具的存在，只是迷妄心的覺知產
物。按照由下往上的次序，這六道分別是瞋怒所產生的地獄
道；極端吝嗇所產生的餓鬼道；愚癡所引起的畜生道；貪欲
所產生的人道；強烈忌妒所產生的阿修羅道；以及驕慢行為
所產生的天道。

■ **Skandha，five**（藏文 phung po lnga），**蘊，五蘊**

五蘊是指色、受、想、行、識等組成的元素。當五蘊聚集在
一起時，「自我」的幻象就在無明的心中生起。

■ **Suffering**（藏文 sdug bsngal），**苦**

四聖諦的第一諦。四聖諦分別是：一，苦諦，即輪迴皆苦；
二，集諦，痛苦起源的真諦，即我們必須盡除的煩惱；三，
道諦，為了獲致解脫而必須從事的修行；四，滅諦，止息痛
苦的真諦，修行之果或成佛的狀態。

■ **Sugata**（ 藏 文 bde bar gshegs pa，one who has gone to，
　　and proceeds in，bliss），**善逝**

諸佛的一個名號。

■ Sutra（藏文 mdo），佛經

釋迦牟尼佛的話語，由他的弟子謄寫下來。

■ Tantra（藏文 rgyud），續

這些是金剛乘佛教解釋心之本然清淨的教本。寧瑪派把續分為外續（事部、行部和瑜伽部）和內續（瑪哈瑜伽、阿努瑜伽和阿底瑜伽）。新譯派使用另一個方法，把續分為事部、行部、瑜伽部和無上瑜伽部。

■ Tathagata（藏文 de bzhingshegs pa，one who has gone thus），如來

諸佛的一個名號。

■ Tathagatagarbha（藏文 de gshegs snying po），如來藏

成佛的潛能，心之明和空的自性。

■ Thoughts，discursive（藏文 rnam par thog pa）念頭、散漫的念頭

一般由無明和相對實相所制約的一連串念頭。

■ Three doors of perfect liberation（藏文 rnam thar sgo gsum），圓滿解脫的三門

佛陀二轉法輪之大乘教法的中心思想。它們是透過了解一切

現象隱含的三種特質而趨近究竟實相的方法。此三門分別是：一，一切現象皆空（空）；二，一切現象超越所有的屬性（無特性、無相）；三，一切現象超越所有的願望或期待（無意圖、無願或無作）。

■ **Three jewels（藏文 dkon mchog gsum，梵文 Triratna），三寶**

佛、法、僧。

■ **Three kinds of wisdom，三種智慧**

從聞、思、修教法所得的智慧。

■ **Three poisons（藏文 dug gsum），三毒**

貪、瞋、癡三種負面情緒。

■ **Three types of suffering（藏文 sdug bsngal gsum），三苦**

一，苦苦，例如疼痛之苦；二，壞苦，改變之苦，快樂是無常的，可能會轉變為痛苦；三，行苦，以無明為基礎的所有行為，遲早都會帶來痛苦。

■ **Tradition of the profound view（藏文 lta ba zab mo'i lugs）深觀派或深見派**

佛陀二轉法輪、說明空性之深觀的佛經，由文殊菩薩編纂，

龍樹菩薩闡釋。關於受菩薩戒的儀式和受菩薩戒之後的修行，寧瑪派大多遵循龍樹菩薩的傳承。但是關於見地方面，寧瑪派則遵循深觀派和無著尊者所教導的廣行派兩者。

■ Tradition of vast activities（藏文 spyod pa rgya che ba'i lugs），廣行派

彌勒菩薩編纂佛陀三轉法輪的佛經，撰寫以彌勒菩薩為名的五本論著（此建立了「他空」見），並且把它們傳授給無著尊者。之後，無著尊者進一步撰寫關於「地」（Grounds）的五本論著及其他著作。無著尊者的胞弟世親尊者在接受大乘佛教之後，撰寫了八本論著。這些著作是廣行派的源頭，解釋了佛性和菩薩地等教法。根據廣行派的說法，菩薩戒的儀式和菩提心的修持是由阿底峽尊者引入西藏。

■ Tripitaka（藏文 sde snod gsum），三藏

佛陀話語的三藏，即經藏、律藏和論藏。

■ Two obscurations or veils（藏文 sgrib gnyis），二障

一，諸如貪、瞋等煩惱之煩惱障；二，所知障，即阻礙全知的二元分立、充滿概念的思惟。此二障如同帳幕，遮蔽了心與現象的究竟自性。

■ **Vajrasattva（藏文 rdo rje sems dpa），金剛薩埵**

百部尊主。修持金剛薩埵法和念誦金剛薩埵的咒語，對清淨
惡業特別有效。

■ **Vajrayana（藏文 rdo rje theg pa），金剛乘**

以續和經為基礎的教法和修行法門，探討心的本然清淨。也
稱為密乘。

■ **Vipashyana（藏文 lhag mthong，字面意義為放大的觀見
　或深奧的洞察），毘婆奢那**

在本質上，毘婆奢那是能克服相信自我真實存在之無明、並
了悟究竟實相的本初智慧。

■ **Wisdom（藏文 shes rab，梵文 prajna），智慧，般若**

一，正確的辨別能力，通常帶著對空性的特定了解；二，對
心之自性本然而無二的了解（藏文 ye shes，梵文 jnana）。

■ **Yogi，Yogini（藏文 rnal 'byor pa，rnal 'byor ma）瑜伽士、
　瑜伽女**

修持瑜伽的修行者。瑜珈士為男性，瑜珈女為女性。

捐款方式

目前台灣共捐贈新台幣 390 萬，加上海外善心人士的捐款，已完成四座佛塔，其餘四座佛塔中已有一座正在興建當中，與另三座尚未動工的佛塔建設費用共需約新台幣 600 萬元。如果你願意資助頂果欽哲法王致力促進世界和平之心靈工程佛塔，請聯絡高雄中心祕書張滇恩師兄（0919-613-802），或捐款至下列帳號： 郵局劃撥帳號：42229736 戶名：高雄市顯密寧瑪巴雪謙佛學會

台灣雪謙貝瑪卻林佛學會

高雄中心：高雄市中華二路 363 號 9F 之 3

　　　　　電話：07-3132823　Fax：07-3132830

台北中心：台北市龍江路 352 號 4F

　　　　　電話：02-25160882　Fax：02-25160892

郵局劃撥帳號：42229736

　　　　　戶名：高雄市顯密寧瑪巴雪謙佛學會

聯絡人：張滇恩師兄　0919-613-802

　　　　　Web:www.shechen.org.tw

　　　　　E-mail:shechen.ks@msa.hinet.net

國家圖書館出版品預行編目資料

大藥：戰勝視一切為真的處方：觀修菩提心的次第
/雪謙‧嘉察‧貝瑪‧南賈（Shechen Gyaltsap Pema
Namgyal）本論；雪謙‧冉江（Shechen Rabjam）作；項慧
齡譯.-- 初版.-- 高雄市：雪謙文化出版, 臺北市, 2008.12
　　面； 公分
　　譯自：The great medicine that conquers clinging to the
notion of reality : steps in meditation on the enlightened mind

ISBN 978-986-81149-5-1（平裝）

1. 藏傳佛教　　2. 佛教說法　　3. 佛教修持

226.965　　　　　　　　　　　　　　　　97022327

精選大師系列 02

大藥：戰勝視一切為真的處方

作　　　者：雪謙‧冉江仁波切（Shechen Rabjam Rinpoche）
總　召　集：賴聲川
顧　　　問：堪布烏金‧徹林（Khenpo Ugyen Tdhering）
譯　　　者：項慧齡
審　　　定：楊書婷
編　　　輯：吳若寧
企　　　劃：劉小慧
封 面 設 計：陳光震
發　行　人：張滇恩‧葉勇瀅

出　　　版：雪謙文化出版社
　　　　　　戶名：雪謙文化出版社
　　　　　　銀行帳號：兆豐國際商業銀行　三民分行（代碼 017）040-090-20458
　　　　　　劃撥帳號：42305969
　　　　　　http://www.shechen.org.tw　e-mail：shechen.ks@msa.hinet.net
　　　　　　手機：0963-912316　傳真：02-2917-6058

台灣雪謙佛學中心
高 雄 中 心：高雄市三民區中華二路 363 號 9F-3
　　　　　　電話：07-313-2823　傳真：07-313-2830
台 北 中 心：台北市龍江路 352 號 4 樓
　　　　　　電話：02-2516-0882　傳真：02-2516-0892
行 銷 代 理：紅螞蟻圖書有限公司
　　　　　　地址：台北市內湖區舊宗路 2 段 121 巷 28、32 號 4 樓
　　　　　　電話：02-27953656　傳真：02-27954100

電 腦 排 版：中原造像股份有限公司
印 刷 製 版：中原造像股份有限公司
初 版 一 刷：西元 2008 年 12 月
初 版 二 刷：西元 2018 年 09 月
ISBN 978-986-81149-5-1（平裝）
定　　　價：新臺幣 250 元